Richter
Langfahrten richtig vorbereitet

BORDPRAXIS
SEEMANNSCHAFT

LANGFAHRTEN RICHTIG VORBEREITET

Clemens Richter

Pietsch Verlag Stuttgart

Impressum

Einbandgestaltung: Johann Walentek, unter Verwendung eines Dias von Clemens Richter.

Bildnachweis: Alle Abbildungen stammen von Clemens Richter.

Die Ratschläge in diesem Buch sind von Autor und Verlag sorgfältig erwogen und geprüft, dennoch kann eine Garantie nicht übernommen werden. Eine Haftung des Autors bzw. des Verlages und seiner Beauftragten für Personen-, Sach- und Vermögensschäden ist ausgeschlossen.

ISBN 3-613-50205-4

1. Auflage 1995
Copyright © by Pietsch Verlag, Postfach 103743, 70032 Stuttgart.
Ein Unternehmen der Paul Pietsch Verlage GmbH & Co.
Sämtliche Rechte der Speicherung, Vervielfältigung und Verbreitung sind vorbehalten.
Satz: Fotosatz Schönthaler, 71638 Ludwigsburg
Druck: Maisch & Queck, 70839 Gerlingen
Bindung: K. Dieringer, 70839 Gerlingen

Printed in Germany

Inhalt

Viele Segler träumen von einer Langfahrt. Darunter versteht man im allgemeinen die Reisen, die über den Bereich unserer heimatlichen Küsten hinausführen und so lange dauern, daß man sich für ein längeres Leben an Bord einrichten muß. Generell sind auch Ozeanüberquerungen damit verbunden. Jedenfalls bedeutet der Beginn einer Langfahrt für uns seßhafte Landbewohner einen tiefen Einschnitt in unsere Lebensgewohnheiten. Selbstgenügsame Kühnheit und unbekümmerte Verwegenheit sind nicht gerade die hervorstehendsten Charaktereigenschaften der meisten Mitglieder der heutigen Gesellschaft. Man ist eher der Meinung, daß man alles kaufen kann – auch Sicherheit und Geborgenheit. Entsprechend werden Langfahrten heute oft vorbereitet. Auf dieses Problem werden wir noch eingehen.

Wie der (männliche oder weibliche) Segler seine Langfahrt vorbereitet, worauf er mehr oder weniger Wert legt, bleibt ihm ganz allein überlassen. Wer auf Ozeanreise gehen will, ist im allgemeinen nicht mehr unbedarft, so daß wir uns eine grundlegende Einführung in das Fahrtensegeln schenken dürfen. Wie seemännische und nautische Probleme zu lösen sind, wie beispielsweise Kurse für eine Weltreise abgesetzt werden, um globale Windsysteme und Wirbelsturm-Saisons einzubeziehen und so weiter, wollen wir nicht im einzelnen erörtern. Das würde den Umfang dieses Buches sprengen. Dafür gibt es spezielle Fachliteratur und kompetente Berater beim Seewetteramt Hamburg.

Uns geht es nicht um die detaillierte Lösung, sondern um das möglichst vollständige Gesamtkonzept und um den Überblick, den manche allzuleicht über ihren Vorbereitungen verlieren.

Wir fragen: Was gehört zu einer vernünftigen Reisevorbereitung, was darf ich nicht vergessen, was muß mit auf die Reise, und welche verschiedenen Vorbereitungen sind vonnöten? Auf das »Wie« werden wir nur beispielhaft eingehen und dort, wo uns besondere Hinweise notwendig erscheinen.

Mancher Leser ist in seiner Reisevorbereitung vielleicht schon weit gediehen. Doch früher oder später geraten viele Segler in ein Stadium, in dem die Vorbereitung eine Eigendynamik bekommt und derart ausufert, daß der Tag der Abreise mehr und mehr in Frage gestellt wird. Auch hier möchte

Wenn Sie sicher sind, daß Sie keine Probleme zurücklassen, die Sie unterwegs wieder einholen werden, können Sie unbeschwert aufbrechen.

ich helfend einspringen. Ich möchte herüberbringen, was ich selbst an Langfahrterfahrungen sammeln konnte, aber auch die Erfahrungen all der vielen Langfahrtsegler, die ich auf meinen Weltreisen kennengelernt habe.

Wir fragen: Was brauchen wir, was müssen wir vorbereiten, was muß erledigt sein – und nicht zuletzt: wie sollten wir selbst beschaffen sein, um kurz und trocken bemerken zu können: »Heute nachmittag geht's los.« Und: was von all den Dingen, die so wichtig daherkommen, brauche ich nicht, kann ich im Grunde vernachlässigen.

Dann: Viele wollen es vielleicht gar nicht soweit kommen lassen, daß die Vorbereitung zur Langfahrt ihre letzten Nerven (und ihr letztes Geld) kostet und womöglich alle Termine über den Haufen wirft. Ihnen wollen wir helfen, Nerven und Geld zu sparen.

Und vielleicht darf ich auch vorsichtig in eine Richtung weisen, in der die Segler Sicherheit und Befriedigung in sich selbst und ihren eigenen Fähigkeiten finden, anstatt diese Dinge (vergebens) im Konsum teurer Ausrüstung zu suchen. Doch wieweit man man mir dorthin folgen will, bleibt jedem selbst überlassen.

Worauf es ankommt

Obwohl es manchen anders scheint, ist die Frage nach Boot und Ausrüstung am leichtesten zu lösen. Die Reihenfolge der Fragen, die vor einer Langfahrt beantwortet werden müssen, ist vielmehr folgende:

1. Sind meine Crew und ich auf einer Langfahrt richtig aufgehoben?
2. Kann ich mir die Reise leisten?
3. Wie entwickeln sich die Angelegenheiten, die ich zurücklasse, während meiner Abwesenheit?
   Nun erst folgt die Frage:
4. Ist mein Boot geeignet für den offenen Ozean?
   Dann folgen:
5. Die Gesamtplanung der Reise.
6. Die organisatorische Reisevorbereitung.
   Anschließend und zuletzt:
7. Die Beschaffung der Ausrüstung.

Natürlich werden all diese Punkte ineinandergreifen und viele Vorbereitungen gleichzeitig nebeneinander herlaufen. Dennoch ist dies in etwa die Prioritätenfolge. Und in dieser Reihenfolge wollen wir uns der Themen annehmen.

Dabei wollen wir eines nochmals klarstellen: Wie Sie sich im Einzelnen der zahlreichen Punkte Ihrer Reisevorbereitung entledigen, bleibt Ihnen überlassen. Abgesehen von den einen oder anderen Erfahrungshinweisen können wir dafür keine Anleitung geben. Zu individuell sind die Bedürfnisse, und außerdem sind Sie ein erfahrener Segler.

Sind meine Crew und ich auf einer Ozeanyacht richtig aufgehoben?

Ich werde jetzt ein paar Ratschläge geben, wohl wissend, daß sie von manchen gar nicht eingehalten werden können. Aber ich möchte die Idealvoraussetzungen nennen. Auch unter sehr mangelhaften Voraussetzungen sind Langfahrten erfolgreich durchgeführt worden. Doch unter mangelhaften Voraussetzungen sind noch mehr Langfahrten gescheitert. Unter Scheitern sei alles verstanden, von einer unangenehmen Gesamtbilanz der Reise über Aufgabe der Reise bis zum Verschollenbleiben auf See.

Mentale Vorbereitung

Die richtigen Voraussetzungen beginnen bei den *Motiven zu der Reise*. Die Motive zu etwas, was es auch sei, gehören zweifellos zu den persönlichsten Dingen, die es gibt. Ich würde das Thema auch lieber unerwähnt lassen, wenn das »Warum« einer Langfahrt nicht unmittelbare Auswirkungen auf das »Wie« und damit auf den Erfolg einer Langfahrt hätte.

Flucht ist beispielsweise ein sehr ungeeignetes Motiv. Wer nicht mit ruhigem Gewissen aufbrechen kann, wer belastet ist durch etwas, was unerledigt oder unbereinigt hinter ihm bleibt, sollte nicht lossegeln. Nur wer sich vorbehaltlos und unbelastet den Elementen stellt, kann auch seine letzten Reserven mobilisieren, wenn es einmal zum Kampf kommt – und irgendwann wird es dazu kommen.

Man sollte sich klar über das sein, was auf einen zukommt. Die technisch »logische« Entwicklung der Seeschiffe über die Jahrhunderte hat aufgrund der harten Bedingungen auf See zu großen, schwermotorisierten Stahlschiffen ohne Segel geführt, die von einer hochspezialisierten Crew gefahren werden. Wer sich dennoch denselben Elementen als Amateur in einer besegelten Nußschale stellen will, muß in seine Rechnung einbeziehen, was ihn erwarten kann: Dasselbe Schicksal, daß schon Ungezählte vor ihm – verschuldet oder unverschuldet – ereilt hat. Um »noch eins drauf zu setzen«: »Unverschuldet« gibt es auf See gar nicht für Menschen, die zu ihrem reinen Vergnügen zur See fahren. Denn immer muß auch das Unerwartete – einschließlich des Versagens anderer – mit einbezogen und darum letztlich in Kauf genommen werden. Diese Begleitumstände sind unleugbar und sollten deshalb klarsichtig und offenen Auges gesehen werden. Das bedeutet nichts weniger, als daß Sie »abgeschlossen haben sollten« mit dem, was hinter Ihnen liegt. Sie brauchen nicht gleich Ihr Testament zu machen, aber niemand sollte in Ungelegenheiten geraten, nur weil Sie nicht wiederkommen. Und auch Sie selbst – und das ist der springende Punkt – sollten in jeder Situation sagen können: Was immer gerade geschieht – es war es wert, es hat sich gelohnt.

Diese Töne sind freilich heute sehr unbeliebt. Viel lieber kauft man sich für teures Geld alle Sicherheit, die der heißumworbene Zubehörmarkt an sogenannter Sicherheitsausrüstung zu bieten hat. Das sei jedem unbenommen. Doch machen Sie sich klar, daß Ausrüstung allein Ihnen im Zweifel nicht helfen wird. Denn dann dürfte es bei dem heutigen Stand der Technik keine Seeunglücke mehr geben.

Man sollte sich klar darüber sein, daß man – beispielsweise mit einer Rettungsinsel – weniger echte Sicherheit kauft, als vor allem ein Sicherheitsgefühl. Darum vor allem geht es. Hätte man kein Unsicherheitsgefühl, würde man die Insel nicht kaufen. Das ist nur ein Beispiel. Es spricht nichts gegen Rettungsinseln – Gott bewahre! –, sondern gegen den Versuch, sich Sicherheitsgefühl zu kaufen. Es funktioniert nicht – leider. Denn für den Einsatz der Rettungsinsel ist immer ein Schiffsuntergang nötig – das sollte sich jeder klarmachen. Sicherheitsgefühl erreichen Sie nur durch Selbstvertrauen und Gelassenheit. Und beides muß wachsen.

Voraussetzung für eine Langfahrt ist also, daß Sie an

zwei Dinge glauben (»wissen« können Sie sie nicht):

1) Sie sind körperlich und aufgrund Ihrer Fähigkeiten den Anforderungen gewachsen.

2) Ihnen stößt, auch wenn Sie auf See verschollen gehen, nichts wirklich Schlimmes zu.

Viel verlangt? Nun – ich erwähnte zu Anfang, daß ich von den Idealbedingungen sprechen wollte. Sie müssen selbst beurteilen, wo Ihre Toleranzgrenze liegt. Aber ich glaube, es nützt auf dem Weg zu der notwendigen inneren Gelassenheit, wenn man sich einmal klarmacht, worauf man sich bei einem Vorhaben wie einer Ozeanquerung mit einem Segelboot einläßt, und daß man es freiwillig tut.

Wir leben seit kurzem in einer Zeit, in der die Kommunikationstechnik auch Kleinfahrzeugen ermöglicht, mitten auf dem Atlantik telefonisch erreichbar zu sein. Immer mehr Menschen, die beruflich erreichbar bleiben wollen, nutzen diese Technik, um sich dennoch den großen Segeltraum zu erfüllen. Besser, als gar nicht zu segeln, sagen sie sich. Ich kann das gut nachvollziehen. Ich bin in ähnlicher Lage, möchte auch mal wieder »raus« und frage mich, wie ich das organisieren werde. Diese »Professionals« denken aber gar nicht daran, »ihr Haus wohlbestellt zurückzulassen«. Sie bleiben oft auch unterwegs intensiv berufstätig. Ihre Kajüte ist ihr Büro, der Laptop oder das Notebook gehören zur notwendigen Ausrüstung und der Törn – mehr ist es kaum noch – ist begrenzt durch feste Termine. Besser können Sie sich eine Langfahrt kaum verderben. Der persönliche Reisestil bleibt jedermann selbst überlassen. Aber von dem idealen geistigen Zustand zu Beginn einer Langfahrt sind segelnde Manager natürlich weit entfernt. Sie sind gar nicht in der Lage, sich ganz auf die Führung ihres schwimmenden Untersatzes und auf das Leben an Bord konzentrieren zu können. Wohl denen, die das auch gar nicht wollen und die wirkliche Schiffsführung mit all ihren Nebenaufgaben (und Befriedigungen) einem Berufsskipper übertragen. Wenn Sie diesem vertrauen und ihm den Job nicht mit typischen Eignerbesserwissereien vergällen, haben Sie die Chance, sich an Bord zu entspannen und blendend zu erholen, auch wenn Ihre Gedanken bei Ihren Geschäften bleiben. Richtige Langfahrtsegler in unserem Sinne sind sie freilich nicht. Wer jedoch trotz Fortdauer beruflicher Verantwortung sein Boot mit allen Konsequenzen wirklich selbst führen will, wird möglicherweise schmerzlich erfahren – so wie viele, die ich kennengelernt habe – wie sehr einem ferne Probleme an Land das Leben an Bord vergällen können. Dann wünscht man sich nämlich allzuoft, man wäre lieber zu Hause. Und damit ist der Sinn der Reise verfehlt.

Quintessenz: *Wer eine klassische Langfahrt vorbereitet, sollte für die veranschlagte Zeit segeln und nur an Bord leben wollen und sonst nichts. Und er sollte gelassen den Fährnissen entgegensehen, die das Schick*sal dabei möglicherweise für ihn bereithält. Außerdem: Je größer die Bereitschaft zum Einsatz, je größer die nautisch-seemännische und natürlich die menschliche Qualifikation von Skipper und Crew sind, desto geringer braucht für eine erfolgreiche Langfahrt der Aufwand an Ausrüstung, Organisation und Vorbereitung zu sein.

In diesem Zusammenhang muß ich auch diejenigen unter uns erwähnen, die allein los

wollen – also die **»Einhandsegler«.** Sie brauchen sich um ihre Crew und deren Probleme keinerlei Gedanken zu machen. Und damit haben sie bereits den Punkt ausgeschlossen, dem die meisten gescheiterten Langfahrten zu verdanken sind. Sie brauchen nur sich selbst und ihr eigenes Umfeld durchzuchecken. Was allerdings unbedingte Voraussetzung für ein derartiges Unternehmen ist: Um ohne seelischen Schaden monatelang allein sein zu können, müssen Einhandsegler ein gutes und gelassenes Verhältnis zu sich selbst haben und gern längere Zeit ohne Ansprechpartner sein können. Dann können Sie auch die Früchte des Einhandsegelns einheimsen: keine Crewprobleme, ein Boot ganz für sich allein und überall jede Menge interessanter Kontakte zu Land und Leuten. Denn eines scheint nach meiner Beobachtung offensichtlich: Während segelnde Paare überwiegend mit sich selbst beschäftigt sind oder mit gleichgesinnten segelnden Paaren herumglucken, führt die lange Einsamkeit auf See bei den meisten Einhandseglern zu besonderer Kontaktfreude und Aufgeschlossenheit nach der Ankunft. Die Einhandsegler, die wir kennenlernten – meist ältere Herren – führten überall, wo wir sie wiedertrafen, ein reges gesellschaftliches Leben mit den einheimischen Seglern oder Landbewohnern und besonders auch den Landbewohnerinnen.

Notwendige seemännisch-nautische Fertigkeiten

Ich gehe davon aus, daß Sie eine Yacht auf See und in engen Revieren führen können. Wenn nicht, lernen Sie es. Dazu gehört auch die *Navigation*, und zwar mit dem Sextanten, Punkt. Und ohne jedes elektronisches Hilfsmittel wie Navigationsrechner! Wer Verkäufern glaubt, daß »perfekte Technologie« nicht versagen kann (und wird!), ist schlicht unerfahren.

Außerdem müssen Sie alle *Reparaturjobs*, die an der Küste an Spezialisten vergeben werden, selbst machen können. Wer nach einem Mastbruch Notsignale sendet, obwohl er beim Treiben niemanden behindert und mit den verbleibenden Spieren, Nerven und Geduld ein Notrigg auftakeln könnte, wäre besser zu Hause geblieben. Sie müssen Segel nähen, mit Holz, Metall und anderen Werkstoffen umgehen können und die ganze Palette des seemännischen Handwerks beherrschen, wie ein Großseglermatrose – zugeschnitten natürlich auf den Typ Ihres Bootes. Wer mit High-Tech fern aller Unterstützung umgeht – und Segeln ist High-Tech, auch auf einem Oldtimer – muß High-Tech beherrschen. Selbst wenn er im Fall technischen Versagens Nothilfe herbeirufen könnte, hätte er nicht das Recht dazu. Denn er bringt andere in Unbequemlichkeiten, bloß weil er seinem Unternehmen und den möglichen Konsequenzen daraus nicht gewachsen ist.

Voraussetzungen der Crew

Das kann ein heikles Thema sein, aber es läßt sich auf einige wesentliche Punkte konzentrieren. Schwache, Behinderte, Uralte, Kinder – alle können Sie mitnehmen. Voraussetzungen sind:

1) Die Leute wissen, was auf sie zukommt und sind dennoch motiviert.

2) Sie sind gesund.

3) Sie sind friedfertig. Das kann man leider oft nicht frühzeitig genug erkennen. Ein friedfertiger Laie ist mir auf einer Weltumseglung ein wertvollerer Kamerad als der größte Könner – aber Nörgler. Übrigens, Crewmitglieder, die Bootseigner sind oder sonst schon als Skipper gefahren haben, erweisen sich oftmals als schwierige Bordgenossen. Im harmlosesten Fall wissen sie alles besser.

4) Als Schiffsführer sollten Sie dafür sorgen, daß Ihre Crew über soviel nautisches und seemännisches Rüstzeug verfügt, daß sie Ihr Boot zur Not auch ohne Sie (schwerkrank in der Koje oder schon in »Davy Johnes feuchtem Keller«) in einen Hafen bringen kann. Wenn sie es noch nicht beim Auslaufen kann, so bringen Sie es ihr unterwegs bei. Dafür muß Gelegenheit sein, und es motiviert die Leute.

5) Ihre Mitsegler müssen Zeit haben. Was für Ihre Zeitplanung gilt, gilt auch für die Ihrer Bordkameraden. Zeit haben Kinder übrigens oft am wenigsten, wenn beispielsweise der Einschulungstermin näher rückt.

Kann ich mir die Reise leisten?

Wollte ich versuchen, auf die möglichen finanziellen Verhältnisse meiner Leser einzugehen, würden die Erörterungen uferlos. Kriterium kann hier nicht sein, ob sich das Unternehmen »finanzpolitisch« rechtfertigen läßt. Wir gehen einfach davon aus, daß unsere Traumreise den finanziellen Aufwand, wie er auch immer ausfällt, auf jeden Fall lohnt.

Es geht aber um zwei Dinge:
1) Die Finanzlage sollte es ermöglichen, die Reise auch bei unvorhergesehenen Sonderbelastungen erfolgreich zu Ende zu führen.
2) Die finanzielle Situation darf nicht zu seelischen und nervlichen Belastungen führen, die sich auf den Genuß und die erfolgreiche Durchführung der Reise auswirken.

Auch dies sind zwar wieder Idealvorstellungen, aber dennoch praktisch anwendbare Maßstäbe.

Der Finanzbedarf

Zunächst müssen wir den Finanzbedarf der Reise klären. Das ist leichter als man denkt. Als erstes müssen Sie die *Reisedauer* festlegen. Die ergibt sich vor allem aus der Reiseroute und den Jahreszeiten, die man lieber vermeidet und deshalb im Zweifel als Wartezeiten verbuchen muß – zum Beispiel die Hurrikan-Saison in Westindien oder Winter auf dem Nordatlantik. So ergeben sich oft eindeutige Mindestzeiten oder Höchstzeiten für Reisetappen. Eine klassische Atlantikrundreise Nordeuropa – Westindien – Nordeuropa dauert daher beispielsweise mindestens von Herbst des einen Jahres bis zum Sommer des nächsten Jahres oder höchstens vom Frühjahr des einen Jahres bis zum Spätherbst des nächsten Jahres. Also neun bis 16 Monate. Wer unterwegs, sagen wir auf den Azoren, aufgehalten wird, muß dann gleich bis zum nächsten Frühsommer warten, also nächstes Minimum 25 Monate Gesamtreisedauer.

Eine Weltumseglung oder Mittelmeerkreuzfahrt funktioniert nach den gleichen Gesetzmäßigkeiten. *Rechnen wir also mit der normalen Reisedauer zuzüglich einmal aufgehalten werden (Krankheit oder ähnliche Widrigkeiten) und hineinrutschen in die nächste Saison.* Dann stellen wir fest: *Was kostet während dieser Zeit Geld?* Wir suchen zunächst die *festen Posten*, die garantiert anfallen. Wir listen als erstes alles auf, was während der Abwesenheit zu Hause »weiterläuft« und bezahlt werden muß. Beispiele wären Versicherungen, Mieten, Unterhaltszahlungen. Die Summe ist ein fester Posten, mit dem Sie rechnen müssen.

Ein weiterer fester Posten ist die *Verpflegung*. Vom Fischfang und der Gastfreundschaft freundlicher Eingeborener leben zu können, war noch nicht einmal zu Slocums Zeiten möglich. Fische gibt es auf hoher See oft wochenlang gar nicht, in den Tropen sind sie oft verseucht durch das schwere Algengift *Ciguatera*, und wenn Sie irgendwo das Glück haben, von freundlichen Eingeborenen reichlich bewirtet zu werden, sollten Sie sich entsprechend der Bewirtung durch aufwendige Gastgeschenke erkenntlich zeigen oder einen anderen Aufwand mit Ihren Gastgebern treiben. Besonders in der Südsee ist auf beiden Seiten nach anfänglicher großer Harmonie schon viel Enttäuschung entstanden, weil der Zusammenhang Gastfreundschaft/Gastgeschenk von mittellosen oder auch geizigen Seglern übersehen wurde.

Ebenso sehr trügt der Aberglaube, außerhalb Westeuropas sei das Leben billiger. Das trifft allenfalls für einzelne Länder und oft auch nur für einzelne Produktbereiche zu. In Portugal sind landwirtschaftliche Rohprodukte und Fisch sicher sehr preiswert, in Venezuela kosten Diesel oder Benzin Pfennigbeträge und auch das meiste andere ist billig, und in den Vereinigten Staaten sind technisch hergestellte Produkte oft sehr günstig. Das hängt auch vom Wechselkurs ab. Aber dafür zahlen Sie auf einem karibischen Inselmarkt für eine Avocado zwei Dollar, für eine Hand Bananen vier Dollar, für ein Brot fünf Dollar und für das Bunkern von 100 Liter Frischwasser zehn bis 20 Dollar. Konserven und europäische

Nahrungsmittel sind manchmal kaum bezahlbar. In der Südsee sind sie nur für Wohlhabende erschwinglich. Letztlich gleicht sich also alles aus. Man wird allenfalls deshalb weniger fürs Essen ausgeben, weil manche Leckereien südlich des Englischen Kanals einfach nicht mehr zu bekommen sind und man deshalb spartanischer lebt. Aber vielleicht geht man deshalb öfter essen. **Fazit:** *Rechnen Sie mit demselben Geldverbrauch für Essen und Trinken, den Sie auch zu Hause haben. Wenn es nachher wirklich weniger ist, umso besser.*

Auch die *Ausrüstung* kann ein fester Posten der finanziellen Vorausberechnung sein, wenn bestimmte Ausrüstungen, deren Preis wir kennen, erst unterwegs angeschafft werden sollen. Ein Beispiel wäre eine Windsteueranlage, die Sie erst in England einbauen wollen. Vielleicht wollen Sie auch eine Rücklage für den Ersatz eines älteren Ausrüstungsteiles vorsehen, das seinen Dienst noch versieht, von dem Sie aber nicht wissen, ob es das Ende der Reise erleben wird. Auf die Frage, welche Ausrüstung wirklich nötig ist, kommen wir später.

Damit haben wir die relativ einfach zu bestimmenden Posten schon verlassen. Es bleiben:
– Schiffsinstandhaltung
– Hafengebühren
– Sonderausgaben
– Reserven.
Doch auch diese Posten lassen sich in den Griff bekommen.

Bei der *Schiffsinstandhaltung* haben wir als ersten Anhalt diejenigen Kosten, die uns das Boot zu Hause macht. Sie können zunächst ausrechnen, was Ihr Boot in den letzten Jahren für die Instandhaltung an Material- oder auch Lohnkosten verschlungen hat. Dann sehen Sie in Ihrem Logbuch nach, wieviele Tage Sie in diesen letzten Jahren gesegelt sind. Nun schätzen Sie ab, wieviele Segeltage Sie auf der Reise unterwegs sein werden und bringen diese Kosten und Zeiten zueinander ins Verhältnis. Eine reine Gegenüberstellung der Segeltage allein ergibt zur Ermittlung des Aufwandes für die Instandhaltung wahrscheinlich kein genaues Bild. Einmal altert das Boot zu Hause, auch wenn es nicht bewegt wird, andererseits beanspruchen Sie das Boot unterwegs auch in den Häfen oder auf den Ankerplätzen stärker. Welche Faktoren

Sie dafür ansetzen wollen, bleibt ganz Ihrer eigenen Einschätzung überlassen. Aber Sie werden erkennen, daß die reine Instandhaltung mehr verschlingen wird, als wenn man das Boot nur an den Wochenenden bewegt. Jedenfalls werden Sie auf diese Weise ungefähr ausrechnen können, wie-viel Geld für Instandhaltungsmaterial (Farben, Antifouling, Dichtungsmittel, Schrauben, Kleinteile, aber auch neue Segel und anderes) für die Reise notwendig sein wird.

Wohlgemerkt geht es hier um die reine Instandhaltung. Diese Kosten würden augenblicklich unvorhersehbar, wollte

Einhand oder bei schwacher Crew ist eine Windsteueranlage ein Muß. Hier die legendäre ARIES.

man so manchen bisher getätigten Kauf schöner, aber nicht unbedingt nötiger Ausrüstung mit einbeziehen. Dazu mehr im Kapitel über die notwendige Ausrüstung.

Unter *Hafengebühren* wollen wir alles verstehen, was uns die »fremden Mächte« im Ausland an unvermeidbaren Gebühren aufs Auge drücken. Sie tun es nicht immer und überall, dafür gelegentlich umso saftiger.

Eine (unvollständige) Liste dieser möglichen Gebühren kann so aussehen:
– Einklarierung und Ausklarierung beim Zoll,
– Einwanderungsbehörde,
– Hafenarzt,
– Hafengebühren für Kai-, Muring- oder Marinaplätze, aber auch hier und da (schon in vielen englischen Häfen) für das Liegen am eigenen Anker.

Dann gibt es mittlerweile in einigen Staaten, teilweise sogar den abgelegensten Inselgruppen, verschieden benannte »*Küstenbenutzungsgebühren*«. Hier dienen die Yachtsegler als willkommene Einnahmequelle devisenhungriger Zwergstaaten. Oft verbirgt sich der Devisenhunger auch hinter horrenden *Einklarierungsgebühren*.

Andere Staaten verlangen (zusätzlich zu den Gebühren) eine *Kaution* in großer Höhe und in Devisen. Die Summe muß beim Einklarieren hinterlegt werden und wird meistens dem Gegenwert eines Heimflugtickets für jedes Besatzungsmitglied an Bord entsprechen. Damit will man sich in diesen Ländern Rucksacktouristen und Hippies vom Halse halten und sich gleichzeitig mögliche Abschiebekosten ersparen. Die Kaution wird beim Ausklarieren erstattet. Man muß im schlimmsten Fall aber damit rechnen, daß sie nur in heimischer Währung ausgezahlt oder gar unbar (auf eigene Umrechnungs- und Überweisungskosten?) ins Heimatland überwiesen wird. Über derlei Praktiken sollte man sich klugerweise schon in der Planungsphase unterrichten. Konsulate, Redaktionen von Seglerzeitungen, überregionale Yachtclubs, Segelhandbücher und andere Quellen stehen dafür zur Verfügung.

Man sollte auch Kosten einkalkulieren, die man im Normalfall zu vermeiden trachten wird, zum Beispiel für teure Marinaliegeplätze. Aber es wäre fatal, wenn die Liegegebühr in einer bewachten Marina ein Loch in die Reisekasse reißen würde, das die Weiterreise in Frage stellt. Und das alles nur, weil man plötzlich erkrankt ist, oder unerwartet eine mehrwöchige Bordabwesenheit nötig wurde.

Wenn man all diese möglichen Kosten zusammenrechnet, stellt man vielleicht fest, daß sie nahezu den sonst üblichen Jahreskosten für den heimischen Sommer- und Winterliegeplatz entsprechen. Damit sollte man also rechnen. Wenn man nachher darunter liegt, um so besser.

Nun sind wir bei den *Sonderausgaben* angekommen. Ein weites Feld. Darunter fallen alle Kosten, die mit den *persönlichen Bedürfnissen* zusammenhängen. Das können auch *Flug- und Reisekosten* für Crewmitglieder sein, *Kosten für Landgänge, Restaurantbesuche* und *Reisen ins Landesinnere, Kosten für Foto- und Filmmaterial, für Kleidung und Ausstattung* und alles Erdenkliche mehr. Hier läßt sich trefflich vorausberechnen, aber leider ohne jeden Realitätsbezug. Wenn man das Doppelte von dem rechnet, das man theoretisch zu brauchen glaubt, wird man keinen Fehler machen. Die Erfahrung hat außerdem gezeigt, daß selbst die größten Einsparungen auf der einen Seite durch Ausgaben, an die man

bei der Planung nicht im Traum gedacht hatte, wieder zunichte gemacht wurden. Das gilt übrigens auch für die finanzielle Gesamtplanung der Reise.

Und damit kommen wir zu den *Reserven.* Reserven für demnächst verschleißende Ausrüstungsteile haben wir schon angesprochen. Sicher brauchen wir auch Reserven, um bei unerwartetem Reiseverzug in einem sicheren Hafen die nächste segelbare Saison abwarten zu können. Aber da wir, trotz unserer großzügigen Vorausrechnung, in der Regel mehr ausgeben, stehen wir dennoch auf dem Schlauch. Doch wofür soll man noch alles Reserven einkalkulieren? Was kann alles passieren? Krankenhaus in der Fremde, ein neuer Hilfsmotor, ein neues Rigg, Flug nach Hause in dringenden Angelegenheiten...

Ich will auf einen einfachen Rat hinaus. Es kann sein, daß Sie das alles gar nicht brauchen werden. Aber rechnen Sie einfach vom gesamten abschätzbaren Finanzbedarf das Doppelte.

Wenn Sie diese Summe über den gesamten möglichen Zeitraum der Langfahrt zur Verfügung stellen können, sind Sie im Sinne dieses Buches reisefertig. Woher Sie das Geld nehmen, und ob Sie es sich zur Not leihen, ist ganz allein Ihre eigene Sache. Sie müssen sich seiner nur – trotz Abwesenheit von den heimatlichen Geldinstituten – *sicher* sein.

Alles weitere ist finanztechnischer Natur. Das Problem, wie ich im Ausland Geld abheben kann, ist im Zeitalter internationaler Kreditkarten klein geworden. Lassen Sie sich von Bankfachleuten beraten, aber hören Sie vor allem, was andere Weltreisesegler an Erfahrungen bieten. Im Laufe der Jahre ändern sich die besten Methoden. Vor zwei Jahrzehnten benutzte man mit Vorliebe Dollar-Reiseschecks, heute sind eine oder besser mehrere internationale Kreditkarten vorzuziehen. Die Euroscheck-Karte und Euroschecks sind außerhalb Europas meist nicht viel wert. Innerhalb Westeuropas sind sie überall anerkanntes Zahlungsmittel. Zusätzlich sollte es aber schon eine Eurocard sein, die, und das ist üblich, mit mindestens einer anderen internationalen Kreditkartenorganisation – wie Visa oder Mastercard – verbunden ist. Zu dieser Kreditkarte bekommen Sie ein dickes, kleines Büchlein, in dem Sie kleingedruckt nachlesen können, wo überall in der Welt Sie mit der Kreditkarte Geld abheben oder bezahlen können.

Es gibt Situationen, in denen sich – bei allem Fernweh – eine längere Abwesenheit von zu Hause einfach verbietet. Diese Erkenntnis scheint nicht so selbstverständlich zu sein, wie man annehmen sollte. In exotischen Häfen, deren Beschaulichkeit dem Elysium schon nahekam, war ich mehrmals Zeuge, wie Skipper auf dramatische Art und Weise von Situationen eingeholt worden sind, von denen sie geglaubt hatten, sie hätten sie hinter sich gelassen. Darum gehört zur Langfahrtvorbereitung eindeutig auch die Frage, welche aktuelle Situation ich zurücklasse.

Persönliche Beziehungen

Wir wollen keine moralisierenden Tiraden über Verantwortungsbewußtsein von uns geben. Da wir vermeiden möchten, uns in persönliche Angelegenheiten zu mischen, soll unser Kriterium allein der Erfolg der Langfahrt sein. Und zum Erfolg gehört zweifellos, daß wir sie genossen haben. Sonst hätten wir zu Hause bleiben können. Der Erfolg einer Langfahrt ist jedoch infrage gestellt, wenn man sich auch nach vielen Monaten unter tropischem Sternenhimmel noch nach den Lieben zu Hause verzehrt oder sich ständige Sorgen um sie macht. Doch wie bei den Finanzen kann es auch hier nur darauf ankommen, wie der Segler selbst seine Situation beurteilt. Manche Menschen stehen *persönlichen Beziehungen* viel kühler gegenüber. Was den einen vor anteilnehmender Sorge zittern läßt, verursacht dem anderen gerade ein gelegentliches Stirnrunzeln. Da müssen wir unser Seelenkostüm nehmen wie es ist und so in die Planung einbeziehen.

Manchen Menschen fehlt das Vorstellungsvermögen, wie sich Entscheidungen auf ihr eigenes Seelenleben auswirken. Es sind zum Beispiel zwei vollkommen verschiedene Dinge, ob ich meinen vor Lebenslust übersprudelnden Sohn leicht genervt bei seinen Großeltern abgebe, in der gelassenen Voraussicht, jetzt einmal einige Wochen nur für mich selbst dasein zu können, oder ob ich ihn in der Ungewißheit zurücklasse, ihn überhaupt jemals – und dann erst nach Jahren – wiederzusehen.

Man sollte sich ernsthaft prüfen, wie eine längere Abwesenheit sich auf die Situation zu Hause und damit auf *die eigene innere Ruhe* auswirken wird. Sind ernste Zweifel angebracht, sollte man das Unternehmen lieber aufstecken, als die Fehlentscheidung des Lebens zu spät zu erkennen. Na-

Diese drei jungen Leute beweisen, daß die innere Einstellung zum Genuß des Langfahrtsegelns einen viel größeren Beitrag leistet als Art und Umfang der Ausrüstung.

türlich ist auch die geplante Dauer der Abwesenheit ausschlaggebend. Und da unterscheidet sich eine Weltumseglung erheblich von einer Atlantikrundreise.

Doch nicht nur Sehnsucht nach Nähe kann ein Aspekt persönlicher Beziehungen sein, auch *zwischenmenschliche Probleme* gehören dazu. Auf den ersten Blick mag der Aufbruch zu einer Langfahrt der ideale Schlußstrich unter eine problematisch gewordene Beziehung sein. Das kann auch so sein. Am sichersten ist das der Fall, wenn sich beide Partner unmißverständlich voneinander getrennt haben. Dazu gehört, daß sie ihre gemeinsamen Angelegenheiten, wenn auch nicht befriedigend, so aber doch klar getrennt haben. Sonst beginnen die ungelösten Probleme bald zu drücken und zu nagen.

Persönliche Beziehungen, die eine Langfahrt behindern oder auch ausschließen, könnten zu folgenden Personen bestehen:

– Hochbetagte enge Freunde oder Eltern, deren Lebensende absehbar ist.

– Kranke oder in anderer Weise von uns Abhängige.

– Kinder, die noch nicht auf eigenen Beinen stehen.

– Ein liebender Partner, der nicht mitsegelt.

– Ein ehemals liebender Partner, zu dem die Trennung noch nicht deutlich und in aller Klarheit vollzogen wurde.

Geschäftliche oder berufliche Einbindungen

Hier ist es ganz ähnlich wie im persönlichen Bereich. Es soll hier nicht um Ihre Karriere oder die Optimierung Ihres Betriebes gehen. Für beides ist Ihre Anwesenheit sicher förderlicher, als wenn Sie sich für längere Zeit in gelassenere Gefilde verholen. Sie werden schon selbst wissen, warum es gerade eine Langfahrt sein soll. Aber Sie sollten nach Möglichkeit ausschließen, daß durch eine negative berufliche Entwicklung während Ihrer Abwesenheit der harmonische Ablauf Ihrer Reise gestört wird.

Wenn nicht gerade in irgendeinem romantischen Hafen der Welt die Herren von Interpol plötzlich auf der Pier stehen und Ihrer Reise ein vorzeitiges Ende machen, so können sich berufliche Störungen doch auch sonst schwerwiegend auf den Genuß des Lebens an Bord und damit auf den Erfolg der Reise auswirken.

Auch hier kann ein Ereignis, das dem einen eine Katastrophe bedeutet, dem anderen nur ein fatalistisches Achselzucken entlocken. Jeder prüfe sich selbst, doch sollte man diesem Bereich ebenfalls genaue Beachtung schenken. Je nach Situation und persönlicher Einschätzung könnten *Quellen von Störungen im beruflichen Bereich* sein:

– Das Bewußtsein des verlorenen beruflichen Anschlusses durch die lange Abwesenheit.
– Das Bewußtsein, daß Ihnen die unternehmerische Kontrolle entgleitet.
– Die Furcht vor Prestigeverlust durch den zeitweiligen Ausstieg.
– Die Angst vor Verdrängung durch Konkurrenten während der Abwesenheit.

Ich habe bewußt die Gemütszustände erwähnt, nicht die Ereignisse, die sie möglicherweise hervorrufen. Wenn Ihnen nichts dergleichen passieren kann, oder Ihnen all das nichts ausmacht, können Sie diesen Punkt abhaken.

Zurückgelassenes Vermögen

Besitz ist nicht nur angenehm, er kann auch bedrücken und wird damit – zumindest zeitweise – kontraproduktiv. Besonders dann, wenn es sich nicht nur um ein ordentliches Bankkonto, sondern um Grundbesitz, Gebäude oder kostbare oder beziehungsvolle Gegenstände handelt.

Diesen Punkt bekommen die meisten Menschen viel leichter in den Griff als die Problematik der persönlichen Beziehungen. Um zurückgelassene Besitztümer, sofern vorhanden, haben sich die Weltreisesegler meines Bekanntenkreises sehr intensiv gekümmert. Mir fällt kein Fall ein, wo jemandem durch Nachlässigkeit in dieser Hinsicht Störungen der Reise entstanden wären. Den materiellen Aspekt beherzigen die Segler bei der Reiseplanung sehr gewissenhaft. Umso hilfloser stehen sie dann oft emotionalen Problemen gegenüber.

Wer auf Langfahrt geht, tut mit seinen Besitztümern das gleiche wie Menschen, die beruflich mehrere Jahre ins Ausland gehen. Häuser und Wohnungen werden befristet vermietet oder zuverlässigen Personen oder einer Bewachungsfirma zur Aufsicht anvertraut. Hausrat, Möbel und dergleichen werden eingelagert. Dieses ist übrigens eine hervorragende Gelegenheit, sich von angesammeltem, unnötigem Plunder zu trennen.

Ich habe damals die bewegliche Habe, die das Aufbewahren lohnte, bei Verwandten auf dem Dachboden eingelagert. *Die verschiedenen Gegenstände, Möbel und der Inhalt vieler Kartons wurden in eine Liste eingetragen.* Diese Liste habe ich auf die Reise mitgenommen. Wenn ich glaubte, über meine zurückgelassenen Dinge nachdenken zu müssen, konnte ich die Liste jederzeit zur Hand nehmen und nachlesen, was ich zu Hause noch besaß. Was ich auf der Liste vergebens suchte, hatte ich verschenkt, verkauft oder weggeworfen. Die Liste war ein gutes Mittel, nicht wegen irgendwelcher Lappalien ins Grübeln zu

geraten: »Besitze ich sie noch oder nicht?«

Zwangsläufig werden sich unterwegs die Gedanken immer wieder der Situation zu Hause zuwenden. Damit sollte man unbedingt rechnen. Gut, wenn es dann nicht viel zu grübeln gibt. Es ist auch keine schlechte Idee, für diese Gegenstände eine extra *Hausratversicherung* abzuschließen. Es kostet wenig und beruhigt zusätzlich.

Von Anfang bis Ende hat eine Weltreise ihre besonderen Momente. Als wir an einem kühlen Juniabend mit der *Firecrest* aus unserem damaligen Heimathafen Flensburg-Fahrensodde ausgelaufen waren, blickte ich zurück auf die Mole und die kleiner werdenden Gestalten einiger Freunde. Etwas Wehmut mischte sich in das angenehme Gefühl, allen Ballast abgeworfen zu haben. Die materiellen Fragen waren bereinigt, die Finanzierung der nächsten Jahre stand (notdürftig). Die Wohnung war aufgelöst, das Auto verkauft, meine Besitztümer sah ich in Gedanken als eine kompakte Masse unter großer Plane auf dem Dachboden eines Bauernhauses, die Liste dazu bei den Papieren hier an Bord. Die wichtigsten Abschiedsbriefe waren geschrieben, Postlisten verschickt, wir hatten abgelegt. Aber hinter uns ließen wir keine »verbrannten Brücken«, sondern eine heimatliche Welt. Reibungslos würde man ohne uns weiterleben, doch eines fernen Tages würden wir freudig und ohne Hemmungen wieder zurückkehren und erneut in diese Welt eintauchen können. Insofern war es ein idealer Abschied. Das gleiche wünsche ich eines Tages auch Ihnen.

Sie werden enttäuscht sein, wenn Sie einen interessanten Beitrag zu den endlosen Diskussionen erwartet haben wie: Länger oder kürzer als neun Meter über Alles, Langkieler oder Kurzkieler, Ketsch oder Kutter, GFK, Stahl oder Alu oder Vollholz oder ... ad infinitum. Es gibt interessante Untersuchungen und 100.000 fundierte Meinungen zur idealen Fahrtenyacht. Doch darum geht es uns nicht. Aus der Unzahl ozeanreisender Yachten seit Slocum geht klar und eindeutig hervor: Mit Segelbooten jeder Art und jeder Größe und mit jeder Art von Rigg wurden erfolgreich weiteste Weltreisen unternommen, und am Ende schworen die stolzen Eigner immer noch auf ihren schwimmenden Untersatz. Sie können also Ihrem Geschmack vollkommen nachgeben und feststellen: auch mit solch einem Boot ist die Welt schon umsegelt worden.

Seetüchtigkeit

Hier geht es vor allem um die Frage: Ist mein Boot seetüchtig? Das heißt: *Ist das Boot in der Lage, sich bei schwerstem Wetter auf See zu halten?* Dazu müssen seine Außenhaut, Deck, Aufbauten und Verbände so stark sein, daß sie auch in schwerstem Wetter keinen Schaden leiden können, solange nichts auf sie eindrischt, das härter ist als Wasser. Dazu müssen sich alle anderen als Mehrrumpfboote – für diese gelten leicht verschobene Kriterien – aus der gekenterten Lage wieder aufrichten können. Der Ballastanteil muß ausreichen, auch bei Wassereinbruch und dadurch entstehenden »freien Oberflächen« im Schiff. Am besten stellen Sie sich vor, wie Ihre Yacht eine komplette Eskimorolle macht. Das sollte sie können, ohne unterzugehen, ohne Spaß.

Wenn Sie selber nicht wissen, ob Ihr Boot diese Bedingungen erfüllt, fragen Sie den

Konstrukteur oder die Bauwerft und erzählen Sie, was Sie vorhaben. Oder rufen Sie die Redaktion einer großen Wassersportzeitschrift an, die regelmäßig Serienboote testet. Wenn es sich um einen Oldtimer, einen exotischen Einzelbau oder um einen totalen Umbau handelt, und Sie fühlen sich in der Beurteilung überfordert, suchen Sie sich fachmännischen Rat. Wenn Sie keine wirklichen Fachleute persönlich kennen, die Ihnen wohlmeinenden Rat erteilen würden, kann es auch das Gutachten eines Sachverständigen sein. Das ist auf jeden Fall immer noch billiger, als die Reise später abbrechen zu müssen, weil das Boot sich als seeuntüchtig erwiesen hat.

Ich erinnere mich in diesem Zusammenhang an das Schicksal eines Bekannten, das in dieser Hinsicht bezeichnend ist. Er war damals 50, wieder ledig, kinderlos. Und nun wollte er »aussteigen«. Eines Tages rief er mich an. Er hatte sein Schiff gefunden. Als ich zum Hafen kam, winkte er mir schon von der Kommandobrücke entgegen. Die Brücke war das Dach eines riesigen Ruderhauses. Davor und dahinter standen himmelhohe Masten, an deren Bäume rotbraune Segel angeschlagen waren. Während des Rundganges berichtete mein Bekannter stolz, wie er diesen Gelegenheitskauf einem anderen Interessenten vor der Nase weggeschnappt hatte. Das solide alte Fischerboot war nun zur Ketsch umgebaut. Doch der Rumpf erschien mir im Verhältnis zum großen Rigg und den massiven Aufbauten etwas schmächtig. Der Ausbau war wohl sehr ins Gewicht gegangen. Der Freibord mochte mittschiffs gerade einen Fuß betragen. Das fiel bei dem hohen Schanzkleid nicht gleich auf. Innen war alles sehr »schiffig«: Viel Messing und gebeiztes Holz, maritime Motive auf Bezügen und Vorhängen, alles zwar ein bißchen »siffig« noch vom Voreigner, aber auch das gehörte in den Augen meines Freundes zum seemännischen Flair. Dazu alle Schikanen: zweiter Steuerstand mit gedrechseltem Ruderrad, drehende Klarsichtscheibe, Autopilot, Dekka, SatNav, Peilfunk, Radar, Echolote, Hydraulikanlagen, Heißwasserbereiter für Küche und Dusche, Vakuumtoilette, Dieselheizung und so weiter. Auf meine Frage, ob er denn das Unterwasserschiff schon von unten gesehen habe, hörte ich, daß die Werft, bei der das

Lange, robuste Festmacher brauchen Sie reichlich – und Autoreifen können an schwierigen Liegeplätzen sehr nützlich werden, um die besseren Fender zu schützen.

Fahrzeug regelmäßig überholt worden sei, gerade keinen Sliptermin frei gehabt habe. Da lief ein Fischkutter aus, und das Boot schwankte im Schwell. Es hatte eine Rollperiode wie ein Fährschiff. Mir schwante Böses. Die Probefahrt war eine Katastrophe. Bei »hart Ruder« legte sich der Eimer, daß das Wasser an Deck kam. Wir ließen die Segel unten. Das Schiff war so topplastig, daß es bei einer kräftigen Bö gekentert wäre. Und was unserem Freund noch gar nicht aufgefallen war: es gab keine Ankerwinsch und kein Beiboot. So begann der Jammer. Er steigerte sich, als die Ketsch aufgeslipt wurde, um den Rumpf zu untersuchen, und er endete, als unser Freund zu seiner Weltreise aufbrach: Fünf Jahre später, finanziell zwanzig Jahre jünger, an Erfahrung zehn Jahre älter und mit einem soliden, seetüchtigen 7,5-m-Boot, mit dem er mittlerweile durch die Südsee kreuzt.

Merke: Ein Gutachten vor dem Kauf hätte in seinem Fall etwa ein Tausendstel des Verlustes, Zeit und Ärger nicht gerechnet, gekostet.

Nun, so dramatisch werden sich Suche und Irrtum nur selten gestalten. Meistens wird man die Reise mit seinem seit Jahren bekannten Boot planen. Man kann dann sehr genau beurteilen, wie seetüchtig das Fahrzeug ist. Dabei darf ruhig gesagt werden, daß ein Boot, das sich in den rauhen nordeuropäischen Küstengewässern bewährt hat, auch sonst überallhin wird segeln können.

Voraussetzung für die Seeklarheit zur Ozeanreise ist also, das sich Rumpf, Deck, Aufbauten und Verbände in einwandfreiem Zustand befinden und daß ausreichend Stabilität, also Wiederaufrichtevermögen vorhanden ist.

Bauliche Besonderheiten

Im folgenden werden *bauliche Besonderheiten* erwähnt, auf die Sie Wert legen sollten.

Manches davon reicht bereits in den Ausrüstungsbereich hinein, siehe auch Kapitel »Die Ausrüstung«.

Die *Luken, Skylights und alle anderen Decksöffnungen* müssen gegen Seeschlag gesichert sein. Außerdem müssen sie wasserdicht sein. Das läßt sich leicht feststellen, indem man unter Deck geht, die Luke hinter sich schließt und ein Mitsegler von vorn und von den Seiten eimerweise Wasser über die Luke gießt. Gegen schweres Spritzwasser von achtern lassen sich die meisten Niedergangsluken nicht vollkommen dicht abschließen. Aber sie sollten so stark sein, daß sie einem »Heckeinsteiger« standhalten können und massiver, also eimerweiser Wassereinbruch ausgeschlossen ist. Für große Fenster brauchen Sie einsatzbereite *Seeschlagblenden*.

Das *Cockpit* darf im Verhältnis zur Schiffsgröße nicht zu groß sein, um nicht tonnenweise Wasser zu schöpfen. Es muß selbstlenzend sein. Luken im Cockpit, die zu größeren Backkisten oder Innenräumen führen, müssen wasserdicht und seeschlagsicher sein.

Es müssen unter Deck und an Deck überall genügend *Greifleisten* oder andere geeignete Bauteile sein, an denen Sie sich festhalten oder festbinden können, und die Ihr ganzes Körpergewicht aushalten. Besonders der Weg vom Cockpit aufs Vorschiff und der Arbeitsplatz auf dem Vorschiff müssen so gesichert sein.

Denken Sie über ein *Notruderkonzept* nach, damit Sie steuern können, wenn das Ruder an seiner schwächsten Stelle versagt. Ein Radsteuer hat eine Notpinne, falls die Rudermaschine versagt. Bei Pinnensteuerung bohrt man sich hinten ins Ruderblatt ein Loch, um das Blatt bei Bruch des Ruderschaftes mit Leinenzug zu bewegen. Das wäre das Minimum.

Wenn Sie keine große Crew haben, die sich am Ruder ablösen wird, denken Sie über ein *Selbststeuersystem* nach. Bauen Sie es ein und überprüfen Sie es, bevor Sie zu dem ersten längeren Törnabschnitt Ihrer Reise auslaufen. Es sollte zuverlässig arbeiten und, abgesehen vom Wind, unabhängig von irgendeiner anderen Energieversorgung funktionieren. Ideal wäre ein Windsteuer ähnlich der berühmten *Aries*. Doch ich gebe zu: Zur Not geht es auch ohne Windsteueranlage. Wenn es nur daran liegt: Lau-

fen Sie aus! Alain Gerbault hat ohne jede Art von Selbststeuer mit seiner motorlosen *Firecrest* einhand die Welt umrundet – aber mit welcher übermenschlichen Energie! Diese Leistung sollte man nicht als Standard setzen, und darum nehme ich – zumindest für Einhandsegler – irgendein Selbststeuersystem als Sollvoraussetzung in diese Liste auf.

Der *Kompaß* muß stoß- und trittsicher fest eingebaut und wasserdicht beleuchtet sein.

Sie brauchen Platz an Deck für ein *Schlauchboot* oder ein festes Dingi. Dort müssen Beschläge angebracht sein, um Ihr Beiboot seeschlagsicher laschen zu können. Außerdem brauchen Sie Platz an Deck für all die Ausrüstungsgegenstände, die sich später als »unbedingt nötig« herausstellen werden. Siehe Kapitel »Die Ausrüstung«.

Einbautanks oder Platz für Wasserkanister müssen so bemessen sein: Pro Tag zwei Liter pro Nase für die doppelte Zeit der längsten Überquerung. Rechnen sie nicht damit, recht-

Aufrecht auf dem Kajütdach steht ein ▶ Dingi ideal. Es ist vor Seeschlag geschützt und dient gleichzeitig als Stauraum für alles, was an Deck sonst herumliegt.

zeitig wieder Regenwasser auffangen zu können. Viele Segler erleben Ozeanüberquerungen ohne einen einzigen brauchbaren Regenschauer.

Das Boot muß eine zentrale Bilge oder einen *Lenzbrunnen* an der tiefsten Stelle haben. Dort sollte sich bereits der Saugkorb einer Lenzpumpe befinden, die fest eingebaut und jederzeit sofort zu bedienen ist. Bei sehr kleinen Booten mit sehr kleiner Pumpe, bei denen man größere Wassermengen mit dem Eimer oder Ösfaß herauswerfen würde, muß die Bilge so zugänglich sein, daß man aufrecht stehend schöpfen kann.

Die *Pantry* muß auch unter Segeln einsatzfähig sein. Sie müssen sich also auch auf See ohne Schwierigkeiten jederzeit eine warme Mahlzeit zubereiten können.

Die *Unterwasserventile* müssen in Ordnung sein. Wenn sie versagen, muß man sie abdichten können. Dazu dienen passende *Leckpfropfen*, die sich von außen in die Löcher treiben lassen. Überlegen Sie schon vorher, wie Sie das machen würden. Wahrscheinlich werden Sie tauchen müssen.

Die *Kojen* müssen mit Kojenbrettern oder Kojensegeln ausgerüstet sein, damit die Schläfer bei Lage nicht herausfallen.

Alle *Schapps, Schränke* und *Backskisten* müssen ihren Inhalt bei sich behalten, auch wenn sich das Boot auf die Seite legt. Ebenso müssen alle schweren Ausrüstungsgegenstände unter Deck, wie Reserveanker, Wasser- und Treibstoffkanister, Herde, Bratpfannen, Feuerlöscher und so weiter angebunden oder so gesichert sein, daß sie bei einem möglichen Durchkentern nicht Menschen erschlagen und die Einrichtung zertrümmern.

Immer besteht die Möglichkeit, daß unterwegs *Reparaturen* oder *Wartungsarbeiten im Mast* notwendig werden, wie Glühbirnen von Positionslampen auswechseln, ausgerauschte Fallen wieder einscheren, einen gebrochenen Schäkel erneuern oder ähnliches. Deshalb sorgen Sie dafür, daß Sie mit Bootsmannsstuhl oder angeschraubten Mastsprossen oder Webeleinen oder auf andere Weise hinauf in den Topp gelangen können, und zwar auch auf See bei hin- und herschwankendem Mast. Davon könnte im Notfall vieles abhängen.

Überprüfen Sie Ihr *Ankergeschirr*. Es muß der Bootsgröße

angemessen sein. Es ist nur so stark wie sein schwächstes Glied. Diese Glieder sind: der Anker selbst, der Schäkel zwischen Anker und Kette, die Kette, die Winsch, die Beting, das heißt Poller oder Klampe, woran die Kette belegt wird, um die Winde zu entlasten, und – besonders bei sehr alten Booten – das Vorschiff selbst. Es haben schon manche Anker gehalten, nur die daranhängenden Vorschiffe sind abgebrochen.

Seereling

Eine so sinnvolle Einrichtung wie eine ausreichend hohe Seereling möchte ich erwähnen, damit jeder selbst entscheide. Ich möchte sie aber nicht in die Liste der zwingenden Notwendigkeiten aufnehmen. Wir selbst sind ohne gesegelt, wenn ich sie auch manchmal vermißt habe. Als einziger Grund ist ihr Fehlen nicht ausreichend, um eine bevorstehende Abreise in Frage zu stellen. Ganz früher gab es auf kleinen Fahrzeugen gar keine Seerelings, und die Leute sind dennoch um die Welt gesegelt. Möglicherweise wollen Sie Ihr stilvolles, altes Boot nicht mit einer Seereling verunzieren, sind sich über das Risi-

ko im klaren und gedenken, stattdessen umso sorgsamer mit dem Sicherheitsgurt umzugehen - warum nicht? Es geht hier nur um das *notwendige Minimum*. Freilich bin ich mir bewußt, daß es sich bei diesen Empfehlungen um eine Gratwanderung handelt, die von mancher Seite Kritik hervorrufen wird. Aber das soll mir Recht sein. Nur Sie selbst können entscheiden. Das nimmt Ihnen ohnehin niemand ab.

Motor

In diesem Zusammenhang fällt Ihnen vielleicht auf, daß ich vom Motor noch gar nicht gesprochen habe. Auch hier meine Empfehlung: Wenn Sie seeklar sind, und es fehlt Ihnen nur der Motor – denken Sie an Slocum, Voss, Gerbault und an die jungen Hiscocks und segeln Sie! Von Ihnen wird dann freilich mehr erwartet – mehr Seemannschaft, mehr Ruhe und Durchhaltevermögen und mehr Verantwortungsbewußtsein. Meiden Sie enge Schiffahrtsstraßen, wenn die Chance einer Flaute besteht! Und lernen Sie, mit Heckanker, Warpanker und Verholleinen umzugehen, aber segeln Sie! Ohne Motor sparen Sie auch eine Menge Geld und Ärger.

Wenn Sie sich (wie 99 Prozent aller Segler) für einen Hilfsmotor entscheiden, so verringert sich der Stauraum und verlängert sich Ihre Ausrüstungsliste beträchtlich. Ein Einbaumotor vergrößert die notwendige Länge eines Bootes um ein bis zwei Meter.

Der Plan, eine bestimmte Route zu segeln, steht bei den allermeisten Seglern, die eine Ozeanreise planen, ganz am Anfang. Denn zuerst wird ja der Gedanke dagewesen sein: »Da und da möchte ich gerne hinsegeln.« Und daher ergibt sich schon ganz am Anfang zumindest eine grobe Vorstellung der Reiseroute. Es gibt natürlich auch Menschen, die einfach für eine bestimmte Zeit – vielleicht ein oder zwei Jahre – »aussteigen« wollen, egal wohin. Sie müssen eine Route planen, die, mit Sicherheitsreserve, in die vorgegebene Zeit hineinpaßt. Wie auch immer: nachdem wir die Voraussetzungen aus den vorhergehenden Kapiteln geklärt haben, geht es nun endlich an die *Routenplanung*.

Wollte ich mich in Beispiele vertiefen, könnte dieses Buch leicht viele hundert Seiten stark werden. Auch hier wollen wir uns vor allem auf das konzentrieren, was Sie bei der Planung berücksichtigen müssen und was Sie nicht vergessen dürfen. Wie detailliert Sie Ihre Route nachher ausarbeiten und wieweit Sie sich später an diesen Plan halten, bleibt Ihnen überlassen – wem sonst?

Jahreszeiten-navigation

Es gibt viele Einflüsse, die bei der Planung einer kleineren oder größeren Weltreise unter Segeln und »auf eigenem Kiel« berücksichtigt werden müssen. Den wichtigsten Einfluß nimmt dabei zweifellos das Wetter. Eine wichtige Planungsunterlage sind für uns daher die *Monatskarten* der Seegebiete, in denen wir uns bewegen wollen. Für die versierten Weltreisenden beziehungsweise Weltreiseplaner (auch ich habe 15 Jahre geplant, ehe ich losgesegelt bin) brauche ich es kaum zu erwähnen, aber für die anderen: Die Monatskarten oder *Pilot Charts* gibt es für den Nordatlantik, den Südatlantik, den Nordpazifik, den Südpazi-

Hinsichtlich dessen, was andere Eigner auf See für unbedingt notwendig halten, macht man manchmal bemerkenswerte Beobachtungen. Diese Yacht teilte mit uns den Slip in Los Cristianos auf Teneriffa. Sie war von einem schwedischen Rentner ohne Ruderblatt (nur mit Windsteuer), ohne Großsegel und ohne Motorgetriebe (Kurbelwelle direkt auf Propellerwelle, also nur Vorwärtsgang) von Australien ohne Havarie bis hierher gesegelt worden.

fik und den Indischen Ozean. Das Mittelmeer ist in der Nordatlantikkarte mit dargestellt. Für jeden Monat des Jahres gibt es nun eine Wind- und Wetterkarte des gesamten Seegebietes. Daraus gehen die Durchschnittswerte der Windrichtungen und -stärken hervor, der Sturm- und Flautenhäufigkeiten, Durchschnittsangaben über Luftdruckverteilung, Temperatur von Luft und Oberflächenwasser, Auftreten von Eisbergen, Strömungen, treibenden Tangen und so weiter. Diese Durchschnittswerte sind das Ergebnis sämtlicher Beobachtungen seit Beginn der Ozeanographie und Wetterkunde, wobei bei den US-Pilotcharts den letzten Jahren etwas erhöhte Bedeutung beigemessen wird. Dennoch macht man keinen Fehler, wenn man zur Planung sehr alte Monatskarten benutzt. Die Unterschiede zu den neueren Karten sind allenfalls von akademischer Bedeutung. Das Wetter richtet sich ohnehin nur grob nach der Statistik. Das ganze Seegebiet einer Monatskarte ist in Kästchen unterteilt. In jedem Kästen sind auf einer Windrose die durchschnittlichen Windrichtungen mit Richtung, Häufigkeit und Stärke dargestellt, außerdem die durchschnittliche Anzahl der Flautentage pro Monat. Legt man nun seine geplante Route durch das Seegebiet, so sieht man sofort, welche Wetterbedingungen eine Yacht in dem betreffenden Monat erwarten. Aus den Monatskarten läßt sich auf einen Blick entnehmen, daß sich bestimmte Segelstrecken von kleinen Segelbooten zu bestimmten Jahreszeiten nur in bestimmten Richtungen befahren lassen. Zum Beispiel im Passatgürtel weht der Wind das ganze Jahr so stark aus vorwiegend östlicher Richtung, daß sich ein Gegenkurs für eine normale Reiseplanung vollkommen ausschließt. Man wird seine Route also so wählen, daß man die *Richtung der vorherrschenden Windsysteme* ausnutzt. Außerdem wird man sich nach dem jahreszeitlichen Auftreten der *tropischen Wirbelstürme* richten. Da die Wirbelsturmsaison stets in den Hochsommer der betreffenden Erdhalbkugel fällt, wird man die Palmeninseln im Sommer also meiden. Ebenso wird man nicht in die Herbst- und Winterstürme der höheren Breiten geraten wollen. So bieten die Jahreszeiten einen unvermeidbaren Wetterkalender an, den man sich zum Fahrplan machen sollte, will man sein Fahrzeug nicht ernsthaft gefährden.

Durch die vorherrschenden Windrichtungen und die zu vermeidenden Wettererscheinungen bestimmter Jahreszeiten ergeben sich klassische Seglerrouten, auf denen auch Sie sich mit Sicherheit – zumindest überwiegend – bewegen werden. Hier nur ein Beispiel:

Die klassische Nordatlantik-Rundreise beginnt im Frühsommer. Vor dem September sieht man zu, an der westeuropäischen Küste möglichst weit nach Süden zu gelangen. Dann kündigen sich in der Biskaya schon die ersten Herbststürme an. Meistens erwischt man den Passat in seinen Ausläufern schon in Portugal, manchmal erst im Süden hinter den Kanaren. Auf den Kanarischen Inseln wartet man bis Ende November. Dann setzt man Segel und segelt mit dem Nordostpassat nach Westindien, wo man im Dezember oder Januar eintrifft, wenn sehr wahrscheinlich kein Hurrikan mehr auftreten wird. Anschließend läßt man es sich vier Monate unter Palmen (so viele sind es gar nicht in Westindien) gutgehen. Wenn es zwischen den Karibischen Inseln im April wieder recht heiß geworden ist und der Sommer mit der nächsten Hurrikansaison vor der Tür steht, gehen die Boote, die nicht durch den Panamakanal in den Pazifik weitersegeln, nach Norden, um über Bermuda und die Azoren die Westwinde zu erreichen, die Sie zurück an die europäischen Küsten tragen. Dort wird es jetzt wieder Sommer sein oder früher Herbst. Doch auf der Rückreise sitzt einem der Wetterfahrplan im Nacken, sonst holen Sie die Herbststürme in der Nordsee noch ein, wie es uns

Ohne Sextant und Beherrschung der Astronavigation ist eine seemännisch saubere Ozeanreise nicht denkbar.

1987 ergangen ist, als wir die Insel Vlieland als Nothafen anlaufen mußten. Zum Glück stand die Tide günstig, sonst wären wir, wie bei anderen Häfen zuvor, gar nicht hineingekommen.

Nach dem gleichen Prinzip können Sie eine Weltumseglung planen oder auch sonst überall hinsegeln. Natürlich gibt es auch Reviere, die sich weniger reibungslos planen lassen. Japan gehört dazu. Ungünstige Segelwinde, viel Seenebel und Taifungefahr das ganze Jahr über, besonders aber im Sommer, wenn es in Japan schön ist, machen das Inselreich der aufgehenden Sonne seglerisch problematisch. Problematisch sind auch die indischen Küsten, die Küsten Chinas, Thailands und die Inseln der Philippinen, wie Sie aus den Monatskarten leicht entnehmen können.

Außer den Monatskarten gibt es noch andere ausgezeichnete Bücher, die Ihnen bei der Wind- und Wetterplanung Ihrer Ozeanrouten viele detaillierte Informationen geben können, unter anderen das klassische Werk »Ocean Passages for the World« und von Jimmy Cornell »Segelrouten der Weltmeere« (Pietsch Verlag).

Nicht nur Gefahren können von den jahreszeitlichen Wettererscheinungen ausgehen, es kann auch einfach nur unangenehm sein: Vielleicht möchten Sie sich ungern auf dem Potomac einfrieren lassen, und vielleicht möchten Sie ebensowenig die Regenzeit auf dem Orinoco verbringen. Doch Wind- und Wetterbedingungen sind nur ein Aspekt der Routenplanung, wenn auch der umfangreichste.

Örtliche Besonderheiten

Da gibt es vor allem den Aspekt: *Land und Leute und ihre Behörden.* Über gastfreundliche Südseeinsulaner und -insulanerinnen brauchen wir uns den Kopf nicht zu zerbrechen.

Aber es gibt auch Küsten (unter Umständen *mit* gastfreundlichen Insulanern), an denen man nur mit dem Revolver unter dem Kopfkissen gut schläft (aber bitte nicht zu tief), oder andere Küsten, an denen das auch so ist, wo Sie aber mit einer Waffe an Bord ins Gefängnis kommen. Und es gibt Länder, wo Sie nicht beraubt

Wie wollen Sie ohne Dingi an Kokosnüsse herankommen? Aber denken Sie daran: Es gibt auf der Welt weder herrenlose Apfelbäume noch Kokospalmen.

werden, weil die Behörden schon dafür sorgen, daß bei Ihnen nichts mehr zu holen ist. In manchen Staaten sollten sich Reisende mit weißer Hautfarbe besser nur in bewachten Touristenghettos aufhalten, und in anderen Gegenden der Welt wieder schließt man von Ihrer offensichtlichen Herkunft her auch auf Ihre Nichtmitgliedschaft in der landesüblichen Religionsgemeinschaft oder politischen Weltanschauung und läßt Sie deshalb schutzlos.

Dazu sollte aber gesagt werden, daß das persönliche Wohlergehen in den allermeisten Weltgegenden, und auch in denen, die teilweise einen schlechten Ruf haben, vor allem davon abhängt, wie man sich selbst gegenüber den »Eingeborenen« verhält. Auch ich selbst habe mit dem Revolver unter dem Kopfkissen geschlafen – und zwar gut und sicher zu tief. Aber uns selbst ist nie ein Haar gekrümmt worden. Die »Fälle« aber, die wir in unserer Umgebung mitbekamen, waren allermeist selbst verschuldet. Vor allem durch Prahlerei, Streitsucht, Ungeduld, teilweise unglaubliche Naivität und Unvorsichtigkeit, von Taktlosigkeit und Aufdringlichkeit nicht zu reden. Trotzdem: Es gibt Küsten, die sollte man meiden, weil man beinahe mit Sicherheit Schwierigkeiten bekommt. Ein Segler, der unbedingt nach Kolumbien wollte, hatte die vernünftige Idee, sein Boot in der Obhut von Segelkameraden in einer bewachten Marina Venezuelas zu lassen und mit dem Rucksack nach Kolumbien zu reisen. Er wollte mit seinem Segelboot nicht schutzlos in die Gewässer Kolumbiens einlaufen, in denen die sehr brutale Seeräuberei bekanntermaßen kaum kontrolliert wird. Als armer Rucksacktourist aber blieb er dort, wo er hinwollte, vollkommen unbehelligt.

Aber es gibt noch andere beachtenswerte Eigenarten verschiedener Gastländer. Wenn Sie auf Ihren Hund oder Kater als Bordgenossen nicht verzichten wollen, sollten Sie die britischen Küsten meiden. Großbritannien zum Beispiel ist bislang von der Geißel der Tollwut verschont geblieben. Damit das auch so bleibt, ziehen die Behörden Saiten auf, die schon manchem einreisenden Tierhalter Tränen der Verzweifelung und des Mitleids mit seinem vierbeinigen Lebensgefährten abgenötigt haben. Illegales Anlandbringen des Tieres aber wird schwer bestraft. Ich glaube, das hat auch noch kein Segler riskiert. Das Tier würde sicher sofort getötet, der Halter festgenommen, bestraft und mit hohen Kosten abgeschoben. Das Einsperren des Tieres in einem abschließbaren, verplombten Verschlag an Bord für die Dauer des Aufenthaltes und Verholen des Bootes auf Reede sind übliche Maßnahmen. Da hilft auch kein Nachweis der Tollwutimpfung. Einen derartigen Fall haben wir beobachtet. Auch in anderen Ländern können Sie mit Haustieren an Bord Schwierigkeiten bekommen. Planen Sie das vorher ein, meiden Sie diese Länder, oder trennen Sie sich von Ihrem Tier. Vielleicht finden Sie zu Hause eine liebevolle Pflege, bis Sie zurück sind.

In vielen Staaten ist das *Touristenvisum* zeitlich begrenzt. Bei der Reiseplanung sollte die Dauer der Aufenthaltsgenehmigung berücksichtigt werden. Es gibt Fälle, da wurden Segler mitten in der Wirbelsturmjahreszeit aus dem Hafen gewiesen.

Ein behördlicher Aspekt darf nicht außer acht gelassen werden. Als Abgangshafen sollten Sie unterwegs immer einen Hafen wählen, wo Sie *ausklarieren* können. Als Ankunftshafen müssen Sie einen Hafen wählen, in dem Sie wieder *einklarieren* können. Am Auslaufen ohne Ausklarieren kann Sie niemand hindern. Dennoch sollten Sie dem ordentlichen Ausklarieren Bedeutung beimessen. Denn beim erneuten Einklarieren bedeutet es für den Beamten, an dessen Wohlwollen Sie ein großes Interesse haben dürften, die Vermutung, daß Sie ein reines Gewissen haben und sich dort, wo Sie gerade herkommen, ordentlich aufgeführt haben.

Auch der Wert der eigenen *Währung* im Vergleich zur Landeswährung und das Preisni-veau der angelaufenen Länder sind Aspekte, die zumindest für Segler, die genau rechnen müssen, starke Einflüsse auf die Reiseplanung haben können. Die extremen Preisunterschiede für bestimmte Waren, allein innerhalb der Länder und Inselgruppen der Karibik, sind beachtenswert. Es macht sich ganz erheblich am Stand der Reisekasse bemerkbar, ob das Leben dort, wo ich zwei Monate mit meinem Boot liege, teuer oder billig ist. Und damit kann es für manche Segler über *möglich* und *unmöglich* entscheiden.

Bestimmte Häfen mit niedrigem *Preisniveau* können auch als Anlaufpunkt zum Proviantieren oder Kraftstoffbunkern dienen. Andere Gegenden, wo es vielleicht besonders teuer ist, mögen sich eignen, um mit einem Job an Land oder auf einem anderen Boot die Bordkasse aufzufüllen.

Die Liste der Aspekte, die sich auf die Routenplanung auswirken, könnte endlos fortgesetzt werden, doch gerät sie dabei mehr und mehr in den persönlichen Bereich und außerhalb der zwingenden Notwendigkeiten für die Reise. Allerdings: Ich kenne einen Segler, der einen bestimmten berüchtigten Hafen – auch noch mitten in der Hurrikansaison – nur deshalb angelaufen hat, weil ihm der Rum, der dort gebrannt wird, so unvergleichlich gut schmeckt. Für ihn und den Erfolg seines Törn war dieser Grund offenbar zwingend.

Nachdem Sie sich Klarheit über die behördlich zwingenden Anlaufpunkte ihrer Reise geschaffen haben, die Sie berücksichtigen müssen, können Sie sich ganz nach Ihren nauti-schen und anderen Bedürfnissen mit den vor Ihnen liegenden Strecken auseinandersetzen. Von Sehenswürdigkeiten und persönlichen Interessen abgesehen, mag bedeutsam sein, wo man zum jährlichen Bodenanstrich aufslippen kann, wo man Reparaturen ausführen, wo man wichtige technische Ersatzteile bekommen kann, wo man zuverlässige Postverbindungen vorfindet oder wo man, je nach eigenen

Ein Dingi brauchen Sie, um von einer Ankerreede aus Wasser holen zu können. Dafür benötigen Sie transportable Wasserbehälter. Mit Sand und Seewasser sollten diese gelegentlich ausgewaschen werden.

47

Fähigkeiten, geringere Sprachschwierigkeiten hat und so weiter.

Anregung für die Reiseplanung: Man besorge sich eine Gesamtkarte des Reisegebietes, je nachdem vielleicht sogar eine große Weltkarte, in die man alle relevanten Informationen wie Slip, teuer, billig, Piraten und so weiter in Stichworten, vielleicht auch verschiedenfarbig, eintragen kann. Das gibt eine ausgezeichnete Planungshilfe, gerade, wenn man Alternativen erwägt.

Dabei geht es um die Koordinierung zahlreicher Vorbereitungen für den Start und die reibungslose Durchführung der Reise. Organisation bedeutet auch Einholen von Informationen: Bevor ich beispielsweise daran gehe, mir die notwendigen Visa zu beschaffen, muß ich wissen, welche ich benötige.

Einreisebestimmungen und Visa

Sobald Sie sich über die Reiseziele klargeworden sind, sollten Sie sich über die dortigen *Einklarierungsbestimmungen* informieren. Segelhandbücher, besonders englischsprachige, aber auch deutsche, die extra für Yachtsegler geschrieben wurden, gibt es für die Segelreviere der europäischen Küsten, der Karibik und des Mittelmeeres. Außerdem wurde von Jimmy Cornell dankenswerterweise das »Länderlexikon für Fahrtensegler« (Pietsch Verlag) geschrieben. Im übrigen ist eine

Anfrage bei den konsularischen Vertretungen Ihrer Reisezielländer sehr zu empfehlen. Die meisten der infrage kommenden Botschaften und Konsulate gibt es in Hamburg. Anschließend beantragen Sie die notwendigen *Visa*. Achten Sie dabei auf Beginn und Ende der Geltungsdauer. Es hat wenig Sinn, wenn Sie bei der Insel Ihrer Träume ankommen, und ihr Visum ist gerade abgelaufen.

Postadressen

Als nächstes sollten Sie sich verläßliche Postadressen all der Länder beschaffen, die man anlaufen möchte. Üblich als Postadressen, doch nicht immer ideal, sind die *Yachtclubs* der größeren Anlaufplätze. Sie sind es gewohnt, daß Briefe an Yachtsegler oft monatelang lagern, bis sie abgeholt werden. Leider liegen die Briefe in manchen Clubs auf einem Haufen, aus dem sich jeder sein Eigen herauswühlt – die Zeiten, als alle Segler Ehrenmänner waren, sind leider vorbei. Man kann sich auch postlagernd schreiben lassen, doch werden die Sendungen meist nur 30 Tage aufbewahrt und dann zurückgeschickt. Um das zu vermeiden, und um sich nicht abhängig von den eigenen Postlisten zu machen, empfielt sich ein anderes Verfahren. Dazu benötigt man *vertrauenswürdige Personen*, vielleicht die Eltern, an deren Adresse man all seine Post schicken läßt. Hat man nun einen Hafen mit guter internationaler Postverbindung erreicht, wo man die nächsten vier Wochen bleiben wird, läßt man sich die ganze Post postlagernd in einem Sammelumschlag zuschicken. Das hat den Vorteil, daß man flexibel planen kann und nicht gezwungen ist, ein neuentdecktes wunderschönes Revier aufzugeben, nur um in irgendeinem Hafen die Post abzuholen. Nicht nur für deutsche Segler kann es sich auch empfehlen, dem Segelverein »Trans-Ocean« in Cuxhaven beizutreten. Dieser Verein unterhält Stützpunkte rund um die Welt, wo meist sehr nette und hilfsbereite Menschen dem durchreisenden Segler alle Unterstützung zuteil werden lassen. Vor allem aber sind diese Stützpunkte zuverlässige Postadressen, zuverlässiger möglicherweise als so manches dortiges Postamt. Der mäßige Jahresbeitrag dürfte allein schon für diese Leistung nicht zuviel sein. Und wenn man über eine leistungsfähige Funkanlage verfügt und fleißig von unterwegs mit Cuxhaven kommuniziert, erhält man nach seiner Heimkehr anläßlich des Jahresbanketts eine der jährlich verliehenen, begehrten Trans-Ocean-Medaillen.

Medizinische Vorsorge

Die medizinische Versorgung in den Ländern der Dritten Welt, die nun einmal über die meisten der schönen Segelreviere auf diesem Planeten verfügen, steht oft nicht zum besten. Dafür grassieren dort Typhus und Cholera, Malaria, Bilharziose und andere Einschränkungen des körperlichen Wohlbefindens. Hervorragend wird man im Hamburger Tropeninstitut beraten. Man sollte sich in jedem Fall informieren, welche *Impfungen und Prophylaxen* für welche Länder notwendig sind und welche *medizinische Ausrüstung* zu empfehlen ist. In unserem Falle hatte sich der Hausarzt meiner Segelkameradin als außerordentlich hilfsbereit erwiesen. Lassen Sie sich vor der Reise gründlich *untersuchen*. Es wäre fatal, wenn unterwegs irgendein Leiden zum Ausbruch kommt, das die Weiterreise in Frage stellt. Ein weiterer Punkt ist die *Krankenversicherung* für unterwegs. Sprechen Sie mit Ihrer Krankenkasse über eine Reisekrankenversicherung. In der Regel wird es im Ausland so gehandhabt, daß man die medizinischen Leistungen bar bezahlt (das kann teuer werden) und sich die Rechnung nach der Heimkunft erstatten läßt. In welcher Höhe diese Erstattung erfolgt, erfahren Sie ebenfalls von der Krankenkasse. Die Leistungen der Krankenversicherungsgesellschaften sind verschieden.

Einkaufslisten

Wenn Geld eine große Rolle spielt (wie bei uns damals), empfiehlt sich eine *Einkaufsliste* all der Dinge, die man lieber im Ausland kaufen möchte als hierzulande. Medikamente haben wir schon angesprochen. Schiffsausrüstung in reicher Auswahl gibt es oft preisgünstiger in England. Auch Seekarten und englischsprachige Handbücher gehören dazu. Durch gezielten Einkauf haben wir in England Mitte der 80er Jahre mehrere tausend Mark sparen können. Allein für das *Aries*-Windsteuer hätten wir in Deutschland fast das Doppelte bezahlen müssen. Der Wechselkurs spielt natürlich immer eine Rolle. Aber möglicherweise schweifen wir ab. Zum Start zwingend notwendig sind derartige Erwägungen wohl nur selten.

Verwaltung zurückgelassener Besitztümer

Worum Sie sich werden kümmern müssen, sind *Haus, Hof, Garten, Möbel, Haustiere, Fahrzeuge, Flugzeuge, Weinkeller, Gemäldesammlungen.* Hier zu raten, führt zu weit. Wie man seine Besitztümer am sinnvollsten verwaltet, weiß jeder aus eigener Erfahrung. Manche Leute vermieten ihr Haus auf begrenzte Zeit, lassen ihre Möbel in Möbellager bringen, ver-

Guten Dauerproviant, Gemüse und Früchte können Sie in beinahe allen Weltgegenden bunkern.

schließen ihre Juwelen im Banksafe. Wir erwähnten dies schon. Um gelegentlich nach dem Rechten zu sehen, muß eine zuverlässige und willige Kontaktperson gefunden werden, die gegebenenfalls die Mieteinnahmen überwachen und auch die Zahlung von Rechnungen, Lagermieten und so weiter sicherstellen kann. Derartige Probleme hatten wir damals nicht. Unser Aufbruch zu »Gestaden, von denen sich die Schulweisheit nichts träumen ließ«, war eine willkommene Zäsur. Wir nutzten sie, uns von all den Besitztümern zu trennen, die wir nicht »von unseren Vätern ererbt« oder an denen wir nicht wirklich sehr hingen. Das, was blieb, schafften wir auf den großen Trockenboden meiner Landwirtsverwandten an der Schlei. Wir kündigten unsere Wohnungen, unsere Jobs, verkauften unsere Autos, verteilten Postlisten und segelten davon.

Grundsätzlich dürfen wir feststellen: Von Proviant, Wasser und Medizinschrank einmal abgesehen, brauchen wir auf einer Weltumseglung nicht mehr Ausrüstung als auf einem Sommertörn durch die dänische Inselwelt. Der angehende Langfahrtsegler hegt oft die Vorstellung, daß er mit den deutschen oder nordeuropäischen Küsten die Zivilisation hinter sich läßt. Deshalb glaubt er, sich nach Möglichkeit schon zu Hause für eine mehrjährige Zeit – fern von allen Nachschubmöglichkeiten – einrichten zu müssen. Bei dieser Vorstellung mögen unterschwellige Wunschträume eine Rolle spielen. Doch er könnte nicht weiter daneben liegen. Wo er (oder sie) auch hinkommen wird – in allen exotischen Segelrevieren der Welt ist die Zivilisation schon mal dagewesen – und mit ihr die Möglichkeit, sich mit Nahrungsmitteln, Treibstoff, Kleidung, Ersatzteilen und Material aller Art zu versorgen. Freilich wird man von manchen Gewohnheiten vorübergehend Abschied nehmen müssen.

Doch ist man gerade deswegen nicht aufgebrochen? Natürlich ist eine gewisse *Lagerhaltung und Vorratswirtschaft* notwendig. Aber bedenken Sie, daß ein Pärchen des Homo nauticus auf einer 15-Meter-Yacht auch nicht viel mehr Nahrungsmittel und Reserven brauchen kann als ein Pärchen auf einem 5,5-Meter-Boot. Und dennoch sieht man auf Weltreise immer wieder richtig große Boote, die über ihre Konstruktionswasserlinie hinweg abgeladen sind, aber auch nur von zwei Leuten gesegelt werden.

Selbst wenn die Möglichkeit, daß zwischen den Leibesumfängen der Segler und der Verdrängung ihrer Boote ein Zusammenhang besteht, nicht ganz so abwegig wäre, könnte das allein der Grund für den Mehrbedarf an Ausrüstung und Proviant sicher nicht sein.

Themenweiser
Damit Sie nun bei bestimmten Fragen nicht lange suchen müssen, habe ich das Ausrü-

stungsthema folgendermaßen unterteilt:
- Platz für die Ausrüstung
- Segelausrüstung und Zubehör
- Decksausrüstung
- Sicherheitsausrüstung und Rettungsgeräte
- Navigationsausrüstung, Signalmittel, Kommunikationsmittel
- Ausrüstung unter Deck
- Kombüsenausrüstung
- Kajütenausrüstung
- Werkzeug und Material
- Motorenausrüstung
- Medizinische Ausrüstung
- Proviant und Wasser
- Persönliche Ausrüstung

Platz für die Ausrüstung

Das Thema haben wir bereits kurz angerissen, als es um die baulichen Eigenarten der Yacht selbst ging. In dem Zusammenhang beobachtet man oft folgendes: Die Decks mancher Weltreiseyachten sind so voller Ausrüstung gestellt, daß die Arbeit an Deck stark behindert wird. Hier stehen Fässer für Wasser und Treibstoff, da ragt ein Radarmast, dort der Windgenerator, da hängen Rettungsbojen, Rettungsringe, Rettungsleinen, da liegt die Rettungsinsel, da hängt der Grill an der Reling neben den aufgeklappten Sonnenkollektoren, Angelgeräte hängen herum, irgendwo zwischen Riemen und Deckschrubber liegt eingekeilt der Bootshaken, aus dem ganzen Wuling ragt der Boden des Dingis wie der Rücken eines halbgetauchten Wales, daruntergequetscht die Dingibeseglung, Fender, Tauwerk, neben dem Mast Gasflaschen, an der Reling gar ein Fahrrad. Auf einer Yacht, längsschiffs über Deck gelascht, sah ich sogar einen zusammengelegten Motordrachen. Wie da an Deck im Notfall effektiv gehandelt werden soll, bleibt ein Rätsel. Schon einfaches Festmachen an einem Steg gerät zu akrobatischen Übungen und mißlingt womöglich, weil man an die Klampen nicht mehr herankommt. Also: Sie brauchen Platz für alles, was Sie mitnehmen wollen. Das bedeutet: Sie brauchen den Platz *bevor* Sie die Ausrüstung an Bord nehmen! Sorgen Sie dafür, oder lassen Sie den Plunder an Land. Zum Begriff »Platz« gehört übrigens auch die Möglichkeit, die Ausrüstung seefest zu laschen.

Bevor wir uns an die Auflistung machen, zur Erinnerung noch einmal die Präambel: *Es geht letztlich nur um die Dinge, die an Bord sein müssen, um den Start nicht mehr aufzuschieben.* Je nach Bootsgröße und Bootstyp können sich bei der Notwendigkeit von bestimmten Ausrüstungsgegenständen natürlich Verschiebungen ergeben.

Aber damit niemand enttäuscht ist, weil ich vielleicht Dinge ignoriere, die mancher andere Segler als eminent wichtig erachtet, habe ich auch Stellung zu verschiedenen beliebten oder überhaupt sinnvollen Ausrüstungsteilen genommen, obwohl man nicht sagen kann, daß ihr Fehlen das Auslaufen zur Ozeanreise in Frage stellen könnte.

Ein Dingi ist ein Muß, egal ob Sie mit oder ohne Maschine unterwegs sind. Hier schleppen wir uns gegen Abend an einen geschützten Ankerplatz.

Segelausrüstung und Zubehör

Bevor Sie auslaufen, benötigen Sie:

Vollständiges Stell Segel. Je nach Rigg brauchen Sie genügend Reservesegel, um auch bei Verlust Ihres wichtigsten Segels voll reise- und manövrierfähig zu bleiben. Ohne Frage sollten Sie in der Lage sein, ihr Ziel oder einen vernünftigen Ausweichhafen zu erreichen, bevor Wasser oder Proviant knapp werden. Auf einmastigen Fahrzeugen ist das Vorsegeldreieck meistens so effektiv, daß ein Reservegroßsegel nicht nötig ist.

Sturmsegel. Mindestens eine Sturmfock, und wenn es der Bootstyp erfordert, auch ein Trysegel.

Natürlich brauchen Sie Material für **Segelreparaturen**. Dazu gehören Segeltuch, Segelgarn, kräftiges Takelgarn, Segelmacherhandschuh, Segelnadeln, Bienenwachs, Marlspieker, Fidd, Musingdraht, Tape, Hüsing...

Sie brauchen Reserven für Reparaturen im **Stehenden Gut** und Ersatz für verschlissenes **Laufendes Gut** wie unter anderem: reichlich Tauwerk in passenden Stärken, passende Längen Drahttauwerk, um flicken zu können, Drahtseilklemmen (»Frösche«), passende Kauschen und Schäkel, je nach Rigg Stagreiter und Mastrutscher und andere spezielle Beschläge und einen Wantenschneider, um das über Bord gegangene Rigg kappen zu können, ehe der im Wasser schwimmende Mast zum Rammstoß ansetzen kann. Je nach Rigg kann das ein scharfes Beil sein oder eine einfache oder untersetzte Drahtseilschere.

In diesem Zusammenhang verdient das **Takelmesser** besondere Beachtung. Takelmesser heißt: Klinge, Marlspieker und Schäkelöffner, vielleicht noch eine schmale Metallkante dabei, die sich als Schraubenzieher verwenden läßt. Es gibt sie als Taschenmesser oder feststehend in der Scheide. Bei den feststehenden Messern steckt oft noch eine Kombizange außen an der Scheide. Besonders auf Booten mit großem, unübersichtlichem Rigg ist dieses Werkzeug sehr angebracht. Kaufen Sie sich das beste Takelmesser, das Sie sich leisten können, und tragen Sie es an einem Bändsel immer bei sich. Diejenigen, denen ich jetzt erklären soll, warum, soll-

ten lieber noch eine Weile vor der Haustür segeln, bis es ihnen leidvolle Erfahrung gelehrt hat. Das Bändsel sollte so lang sein, daß Sie das Messer auch am ausgestreckten Arm benutzen können.

Wenn Sie keine Mastsprossen oder Enterwanten haben – siehe Kapitel »Seetüchtigkeit« – benötigen Sie irgendeine wegnehmbare Einrichtung, um unterwegs in den *Mast entern* zu können. Das kann beispielsweise ein Bootsmannsstuhl sein oder eine aufheißbare Strickleiter.

Werkzeug und Ersatzteile für Decksarbeiten:
Holzsäge, Metallsäge, Handbeil, Meißel, verschiedene Bohrer, verschiedene Schraubenzieher, Schraubenschlüssel, die wichtigsten doppelt – zum Gegenhalten, Zollstock, Schieblehre, Sandpapier, Raspel, Schraper, Hobel, Schleifstein, Schraubzwingen, seewasserfester Leim, Komponentenkleber, Dichtungsmasse, Niro- oder Messingschrauben, Nägel, Bolzen, Muttern, Unterlegscheiben. Ohne ihn als unbedingt wichtig einzustufen: Ich hatte

einen Spaten an Bord. Damit hätte man nach dem Auflaufen oder Festkommen des Bootes dem Kiel bei Ebbe eine Rinne ins tiefere Wasser graben können, um sich durch diesen »Kanal« bei Flut wieder frei zu holen. Auch kräftige Arbeitshandschuhe gehören an Bord, besonders, wenn man die Ankerwinde von Hand aufholt, aber auch sonst. Nach zehn Tagen harten, nassen Segelns über die Biskaya hatte sich die aufgeweichte Hornhaut restlos von meinen Fingern und Handflächen verabschiedet. Ohne Handschuhe hätte ich Schoten und Fallen kaum noch bedienen können.

Decksausrüstung

Sturmanker. Dazu passende Kette oder Trosse mit Kettenvorlauf. Sie brauchen für den Notfall einen besonders schweren Anker, dem Sie Ihr Boot auch bei Orkan und zweifelhaftem Grund anvertrauen können.

Ankerwinde? Sie müssen berücksichtigen, daß Sie die Yachthäfen Westeuropas bald hinter sich lassen werden. Dann werden Sie nur noch an-

◄ **Schönwettersegel sind kein Muß, aber Sturmsegel gehören an Bord.**

kern. Die allermeiste Zeit werden Sie entweder vor Anker oder unter Segeln verbringen. Sie brauchen ein hundertprozentig zuverlässiges **Ankergeschirr**. Ein einziger Ausfall bedeutet Strandung. Manchmal werden Sie auf großen Wassertiefen ankern müssen. Dann kann der Anker zusammen mit der tief bis zum Grunde hängenden Kette zentnerschwer werden. Sie müssen selbst beurteilen, ob Sie dann den Anker noch schnell und sicher wieder an Deck bekommen können, und ob Sie dafür eine Ankerwinde brauchen. Ankern Sie zu Hause einmal probeweise auf 15 Meter Wassertiefe. Dann wissen Sie es.

Normalanker mit Normalkette. 50 Meter Kette sind das absolute Minimum, 60 Meter sind wünschenswert. Es gibt Ecken – schon die Reede von La Coruna – da bleibt Ihnen nichts übrig, als auf 15 Metern Wassertiefe zu ankern. Man rechnet mindestens Kette dreimal Wassertiefe, Kettenvorlauf und Trosse fünfmal Wassertiefe.

Sehr wünschenswert, beinahe zwingend, ist ein **zweiter Normalanker** anderer Bauart. Als Reserveanker, zum Vermuren mit zwei Ankern in engen Tidengewässern und um sich mit verschiedenen Ankertypen auf verschiedene Grundbeschaffenheit einstellen zu können. Ein Stockanker, sonst den meisten neueren Typen unterlegen, ist zum Beispiel der einzige, der sich auch sicher in verkrauteten Grund eingräbt – leider eine häufige Erscheinung an den nordatlantischen Randgewässern, wie auch jeder Ostseesegler weiß. Zum Anker gehört jeweils auch eine ausreichende Kette oder Kettenvorlauf mit Trosse. Sehr wünschenswert wäre ein leichter Anker als Heckanker und Warpanker, dazu Vorlauf und Trosse.

Sie brauchen mindestens vier **Festmacher**, besser mehr, um doppelt nehmen zu können, lang genug auch für großen Tidenhub und weit ausanderliegende Poller. Eine besonders **lange Trosse** zum Verholen oder Festmachen an weit entfernten Gegenständen. Eine leichte, aber kräftige **Wurfleine.**

Seeanker? Das ist die Frage. Auf kleinen Booten leichter Verdrängung wünschenswert als Möglichkeit, Stürme auf Legerwall abzureiten und die Abdrift dabei zu verringern. Auf Booten schwerer Verdrängung ist ein Seeanker ein ungeeigneter Ausrüstungsgegenstand, dessen Einsatz im Sturm garantiert zu schwerem Bruch führt. Für ein Boot ohne Motor ist ein Seeanker eine hervorragende Bremse beim Manövrieren in engen Häfen. Sicher kein Muß.

Vier **Fender**, zwei an jeder Seite brauchen Sie. Kein Muß, aber nehmen Sie auch zwei Autoreifen mit. Irgendwann werden Sie an zerborstenen Spundwänden mit langen, rostigen Nägeln oder rissigen Betonmauern mit herausgewitterten Muniereisen zu liegen kommen. Dann legen Sie die Reifen außen über die Fender.

Elektrische Positionslampen samt Batterie und Ladestromquelle. Es geht nicht ohne. Obwohl auf Segelbooten bis zu einer bestimmten Größe und ohne ausreichende Stromquelle auch baumustergeprüfte Petroleumlampen zugelassen sind, reicht deren Licht für den Großschiffahrtsverkehr auf einer heutigen Schiffahrtsstraße bei weitem nicht aus. Das mußte ich selbst erfahren zum Glück ohne Folgen. An genügend Ersatzteile und Birnen für diese Lampen denken.

Eine Ankerlampe. Dafür genügt eine helle Petroleumlampe, wenn Sie nicht inmitten stark befahrener Gewässer ankern, sondern sich dorthin verholen, wo Sie nachts ungestört liegen.

Der **Ankerball** ist nach den KVR international vorgeschrieben, obwohl auf den meisten Yachtreeden zwischen den Wendekreisen ein seltener Anblick. Ein Muß. Das gleiche gilt für den Kegel bei Maschinenfahrt und gleichzeitig gesetzten Segeln. Also ein Muß, falls man motorisiert ist.

Ein **Radarreflektor** ist bei dem heutigen Schiffsverkehr ebenfalls ein Muß. Sollten Sie gar ohne Maschine segeln, kann er gar nicht groß und effizient genug sein. Sie können aber entscheiden, ob sie ihn fest im Rigg einbauen oder nur setzen, wenn es Ihnen notwendig erscheint.

Ein **Beiboot** brauchen Sie auf Langfahrt unbedingt. Ohne kämen Sie nicht aus, Punkt. Wie sollen Sie sonst von Ihrem Ankerplatz an Land kommen? Das genügte uns als Begründung. Doch auch sonst leistet ein Dingi wertvolle Dienste. Das Dingi muß mit Riemen auch gegen kräftigen Wind zu rudern sein. Deshalb sind die meisten Schlauchboote nur bedingt geeignet. Auch wenn Sie

Bei mangelndem Stauraum an Deck darf es auch ein Schlauchboot sein. Bei stark ablandigem Wind bleiben Sie aber besser an Bord – oder nehmen beim Brötchenholen für 30 Tage Wasser und Notproviant mit.

es mit einem Außenborder ausrüsten, kann dieser ausfallen – und der Passatwind treibt sie hinaus auf den Pazifik. Gerade mit schweren, stark motorisierten Dingis kommt es immer wieder zu derartig unverhofften Seenotfällen, teilweise mit tragischem Ausgang. Wer nimmt schon Proviant und Wasser für 30 Tage mit, wenn er morgens schnell Brötchen holen will?

Zum Beiboot gehören eine Fangleine, ein Reserveriemen und ein Ösfaß. Eine Besegelung ist angenehm, aber nicht Voraussetzung. Das Beiboot muß leicht und schnell ausge-setzt und wieder an Deck genommen werden können.

Bootshaken. Doch zuweilen geht dieser wertvolle Gegenstand über Bord. Ein zweiter Endbeschlag in Reserve ist dann sicher sinnvoll. Die passende kurze, kräftige Spiere werden Sie sich schon irgendwo aus dem Urwald hacken. Ich habe Bootshaken gesehen, die im Wasser so ausbalanciert waren, daß sie, Beschlag als Gewicht unten, aufrecht im Wasser schwammen wie eine Fischerboje. Solch einen Haken greift man sich einfach wieder im Vorbeisegeln.

Eine **Windsteueranlage** oder eine andere Einrichtung, um das Boot sich selbst steuern zu lassen. Bei Einhandseglern ein Muß, bei Paaren beinahe ebenfalls. Bei größeren Crews kann und sollte von Hand gesteuert werden. Das übt, und jeder, der mit großer Crew schon weite Strecken gesegelt ist, weiß, wieviel Sprengstoff in einer Crew steckt, die zu wenig zu tun hat und sich langweilt.

Sonnensegel – ein Muß? Sie brauchen zweifellos kein Sonnensegel um loszusegeln, aber so sicher wie das Amen in der Kirche werden Sie sich einen Sonnenschutz basteln, sobald Sie die Gestade zwischen den Wendekreisen erreicht haben.

Das gleiche gilt für einen **Windsack** oder ein ähnliches Stück Tuch oder Blech, das Sie am Ankerplatz so auftakeln, daß es den Passatwind fängt

In den Tropen ist konzentriertes Arbeiten an Deck nur unter dem Sonnensegel möglich.

63

und durchs Vorluk drückt, von wo die Brise kühlend durch das ganze Boot streicht.

Pütz und Schrubber. Ein Muß? Auf einer sauber geführten europäischen Yacht sicherlich. Oder wie denken Sie über Mövendreck, Fischblut oder von Land gebrachten Schmutz an Deck?

Sicherheitsausrüstung und Rettungsgeräte

Seereling. Wünschenswert, aber kein Muß. Wir sprachen schon davon.

Ebenso ist eine **Badeleiter** zu beurteilen. Natürlich kann man ohne sie segeln. Aber wie hoch sind Ihre Bordwände? Stellen Sie sich vor, Sie fallen nachts auf einsamem Ankerplatz beim Pinkeln über Bord, ohne daß zur Sicherheit die Badeleiter draußenhängt. Im Norden werden Sie außenbords am Ruder hängend erfrieren, im Süden aufgefressen. Oder Sie müssen unterwegs tauchenderweise einen Tampen aus der Schraube oder vom Ruder schneiden. Es lassen sich noch mehr Beispiele finden.

Rettungsinsel? Ich meine, daß diesem Gegenstand zu viel Vertrauen entgegengebracht wird. Ich habe in einer geschützten dänischen Ankerbucht gesehen, wie an einem stürmischen Sommernachmittag ein schweres Militärschlauchboot mit zwei Leuten an Bord gekentert ist. Noch ehe die beiden Schwimmer das Boot wieder zu fassen hatten, wehte es, sich in den Böen immer wieder überschlagend, quer über die Ankerbucht und blieb dann an einer Steinmole hängen. Die Schwimmer trugen Schwimmwesten, und sie hatten es nicht weit zum Ufer. Aber seitdem stelle ich mir immer vor, wie es einem wohl in einer Rettungsinsel mit aufgeblasenem Schutzdach mitten im Orkan ergehen würde. Vielleicht wie in einer riesigen, halbgefüllten Trommelwaschmaschine? Andererseits haben wir selbst einmal an der schottischen Küste Fischer aus einer Rettungsinsel geborgen. Ihr Fischkutter war nachts auf einem Riff leckgeschlagen und gleich gesunken. Ohne die Insel wären die Männer sicher ertrunken.

Rettungsinseln haben schon sehr vielen Menschen das Leben gerettet. Aber sind sie das

Richtige gerade für unsere Zwecke? Aufschlußreich erscheint mir die Erfahrung jener schottischen Großfamilie, deren Boot im Pazifik von Walen versenkt worden war. Sie banden Beiboot und Rettungsinsel aneinander. Nach Monaten qualvoller Entbehrungen wurden sie von einem Fischtrawler gerettet. Es gibt ein Buch darüber. Die Rettungsinsel hatte inzwischen längst ihren Geist aufgegeben. Ohne das feste Dingi hätte die Familie nicht überlebt.

Ohne ein Beispiel geben zu wollen: wir haben damals das (für uns knappe) Geld für die teure Rettungsinsel gespart und stattdessen versucht, unser Dingi als letzte schwimmende Chance unsinkbar zu machen und halbwegs seetüchtig auszurüsten. Auch im täglichen Dingieinsatz auf den üblichen Ankerplätzen mit ablandigen Passatwinden hatten wir immer einen halbgefüllten Wasserkanister im Boot festgebunden – halbgefüllt, weil er so Auftrieb gehabt hätte. Aus derselben Vorsicht war auch immer ein dritter Ersatzriemen an Bord. Das war für uns »aktive Sicherheit.«

Sicherheitsleinen und/oder Sicherheitsgurte. Keine Frage. **Schwimmwesten.** Ebenfalls keine Frage, besonders in Küstengewässern. Für Einhandsegler mitten auf dem Ozean allerdings zweifelhaft. **Pyrotechnische Seenotsignale.** Signalpistole mit Munition und/oder Raketen, Handfakeln und so weiter. Selbstverständliche Ausrüstung. **Rettungsring mit langer Leine und Nachtlicht.** Ein Muß, außer für Einhandsegler. Für diese sinnlos, solange keine Gäste an Bord mitsegeln. Beim heutigen Stand der Ausrüstungstechnik: Ein elektronisches Blitzlicht ist um ein Vielfaches besser sichtbar als die herkömmlichen schwachen Blinkbirnchen. Außerdem kann man den Blitz auch benutzen, um nachts bei Annäherung großer Maschinenfahrzeuge auf sein Boot aufmerksam zu machen.

Ebenso wäre beim heutigen Stand der Technik ein **automatischer Seenotfunksender** wünschenswert. Ein Muß für eine Ozeanreise ist er freilich nicht. Wenn ich bei beschränkten finanziellen Mitteln zu entscheiden hätte, würde ich aber einen automatischen Seenotfunksender einer Rettungsinsel vorziehen, und dazu das Dingi so seetüchtig wie möglich ausrüsten.

Auf Booten mit Hilfsmotor ist ein **Feuerlöscher** ein Muß. Auch sonst würde ich einen Feuerlöscher als sehr wünschenswert betrachten. Nur auf sehr kleinen Booten mag die griffbereite Schlagpütz eine Alternative sein. Ein Kombüsenbrand unter Beteiligung von brennendem Fett kann ohne Feuerlöscher schnell außer Kontrolle geraten.

Seenotfaß. In dieses schnell und wasserdicht verschraubbare Plastikfaß kommen all die Gegenstände, die Sie im Seenotfall mit ins Dingi oder in die Insel nehmen wollen: Verbandszeug, Medikamente, Angelzeug, Messer, Kälte- und Hitzeschutzfolie, Seenotsignale und so weiter. Befestigen Sie eine lange Leine am Faß, für den Fall, daß Sie es beim Aussteigen verlieren oder das Dingi kentert. Sie können auch mehrere Fässer benutzen, auf die Sie die Seenotausrüstung verteilen, einschließlich Notproviant und warmer Kleidung. Und zwar so, daß in jedem Faß möglichst viel Verschiedenes enthalten ist. Ein Muß ist so ein Faß nicht. Aber es beruhigt.

Navigationsausrüstung, Signalmittel, Kommunikationsmittel

Seekarten, Handbücher, Leuchtfeuerverzeichnisse, Gezeitenkalender für die Gebiete, in denen Sie sich bewegen wollen – das ist keine Frage.

Gegen Stoß geschützter **Deckskompaß** mit spritzwassergeschützter Beleuchtung. Einfacher **Reservekompaß**. Dazu reicht auch ein Handpeilkompaß. Letzteren oder eine Peilscheibe brauchen Sie auf jeden Fall.

Zuverlässige **Navigation** ist zwingend. Zur Zuverlässigkeit gehört neben der Genauigkeit vor allem die Verfügbarkeit des Navigationsverfahrens. Auf einer Weltreise bedeutet es, daß Sie bei Ihrer Navigation so unabhängig sein müssen wie möglich. Deshalb bleibt der **Sextant** an Bord ein zwingendes Muß. Daß Sie auch damit umgehen können, versteht sich von selbst. Wer glaubt, im Zeitalter des Global Positioning System (GPS) darauf verzichten zu können, sollte dieses Buch besser zur Seite legen.

Zum Sextanten gehören die erforderlichen gleichbleibenden **astronomischen Tabellen** sowie die sich jährlich ändernden **nautischen Tafeln** und Ephemeriden. HO-Tafeln oder andere vergleichbare Navigationsunterlagen aus Papier funktionieren auch noch in nassem Zustand, sind unabhängig von der Außenwelt und können sich auch nicht selbst zerstören wie Elektronik.

Für die Navigation benötigen Sie eine **genaugehende Uhr**, die Sie auf UTC (Universal Time Coordinated = Greenwich-Time) einstellen.

Außerdem brauchen Sie einen robusten **Wecker**, der Sie auf Wetterberichte, bald eintretende Kulminationen, die nächste Wache, Radiosendungen oder ähnliches aufmerksam macht.

Eine **Stoppuhr** ist hilfreich, aber nicht unbedingt notwendig, wenn Sie einigermaßen sekundensynchron bis zehn zählen können, während Sie nach der Gestirnsbeobachtung unter Deck klettern, um die Uhr abzulesen. Wenn jemand die Uhr für Sie auf Zuruf abliest (»Achtung – Null!«) und Gestirn, Zeit und abgelesene Höhe notiert, um so besser.

Einen **Radioempfänger** mit UKW, Mittelwelle und Langwelle, um nationale Wetterberichte, und mit Kurzwellenband, um Zeitzeichen abhören zu können, nach denen Sie die Uhr kontrollieren. Ausreichend viele Reservebatterien. Das Radio sollte unabhängig vom Bordnetz sein.

Des weiteren brauchen Sie ein **Kartenbesteck**: Winkeltransporteur, wie zum Beispiel Kursdreiecke oder Parallellineal, Zirkel, Bleistifte, Anspitzer, Radiergummi.

Ein **Echolot** ist ein äußerst wünschenswerter Gegenstand. Doch unbedingt benötigen Sie zusätzlich ein Handlot. Ein Handlot kann Ihnen das Boot retten, nicht nur, wenn das Echolot ausfällt: Als ein Hurrikan drohte, loteten Freunde von uns mit Dingi und Handlot ein schmales Flüßchen aus. Sie stellten fest, daß die Wassertiefe für ihr flachgehendes Segelboot gerade ausreichte. So konnten sie das Boot in eine geschützte Süßwasserlagune verholen, bevor die Ankerreede zu einem Hexenkessel wurde, in dem zwölf Yachten zugrunde gingen. Doch auch zum Echolot möchte ich ein paar Worte verlieren. Sicher können Sie auch ohne segeln. Doch wenn schon Technik, dann halte ich auf Langfahrt ein einfaches, robustes Echolot (und wenn es einfach ist, ist es kaum zerstörbar) für wichtiger als selbst einen Hilfsmotor. Schon weil Sie immer wieder ankern müssen, werden Sie zwangsläufig mit Untiefen aller Art umgehen. Abgesehen von der Bequemlichkeit bei Tage – wenn man sich nachts an einen unbekannten, unbefeuerten Ankerplatz heranloten will, ist ein Echolot allen anderen Navigationshilfen weit überlegen. Mit keinem GPS sehen Sie, auf welcher Tiefenlinie und – mit etwas Übung – über welcher Art von Grund Sie sich in dieser Sekunde gerade befinden. Unmittelbarer kann Information kaum sein. Ähnlich effizient über der Wasserlinie wäre ein einfaches, robustes **Nachtsichtgerät**, wie sie zunehmend immer preiswerter angeboten werden. Ich möchte es nur erwähnen, notwendig ist es keineswegs. Aber ich entsinne mich meines blanken Erstaunens, als mir ein Bordkamerad jüngstens eines vorführte. Bei ruhigem Wetter des Nachts zwischen unbeleuchteten Tonnen seinen Weg zu finden, war plötzlich ein Kinderspiel. Ich stelle mir vor, wie es wäre, bei einem nächtlichen Landfall auf eine einsame Tropeninsel... Sicherer wäre es zweifellos, beizudrehen und zu warten, bis der Tag anbricht.

Ein spritzwassergeschütztes **Fernglas** ist allerdings unverzichtbar. Dazu muß man bei jemandem, der einmal in grauer Sturmsee auf Legerwall eine Ansteuerungstonne finden mußte, nichts mehr hinzufügen.

Barometer ist zwingend, **Barograph** angenehm, aber teuer und platzaufwendig. Stattdessen können Sie sich genausogut einen Barographenstreifen über den Kartentisch hängen und alle paar Stunden den Barometerstand notieren. Wenn Sie die Voraussetzung *Wetterkunde* (siehe Kapitel »Notwendige seemännisch-nautische Fertigkeiten«) erfüllen, wissen Sie, wie aufschlußreich Barographenkurven sind.

Eine **Patentlogge** ist sehr angenehm, weil sie Ihren Koppelort verbessert. Sie erleichtert außerdem ein häufigeres Koppeln und vergrößert dadurch die Sicherheit bei schlechten Sichtverhältnissen. Wirklich notwendig ist sie nicht. Haben Sie schon GPS oder ähnliches, brauchen Sie sie sowieso nicht.

Peilscheibe oder Handpeilkompaß. Unentbehrlich für die

Küstennavigation. Kein weiterer Kommentar.

Starker Handscheinwerfer. Das kann zum Beispiel schon eine schwere Stablampe mit sechs Monozellen sein. Die kostet zwanzig Mark, und Sie sind vom Bordnetz unabhängig. Scheinwerfer brauchen Sie, um nachts große Maschinenfahrzeuge auf Ihre Positionslampen aufmerksam zu machen, zum Suchen unbeleuchteter Seezeichen, um im Notfall Signale morsen zu können, um treibende Gegenstände identifizieren zu können und so weiter. Ein Muß? Entscheiden Sie selbst!

Für große Boote ist ein **richtiges Nebelhorn** vorgeschrieben. Für kleine Segelboote reicht ein Mundhorn. Siehe KVR.

Für größere Boote ist nach KVR eine **Nebelglocke** vorgeschrieben. Für kleinere reicht beim Ankern im Nebel die Bratpfanne.

Megaphon. Sehr praktisch und effektiv, in seltenen Fällen

Borduhr und Barometer – tief in der Kajüte, fern von Ölzeugnässe und Spritzwasser.

auch äußerst wünschenswert, um zu anderen Fahrzeugen oder zum Land hinüberrufen zu können. Die einfache »Flüstertüte« reicht vollkommen aus. Kein Muß.

Die eigene **Nationalflagge** sowie **Gastlandflaggen** der Länder, die Sie besuchen wollen. Oft schwierig und teuer zu bekommen, besonders für kleine, hierzulande ganz unbekannte Inselstaaten. Wir haben uns mit selbstgemachten «Blankoflaggen» aus Baumwollstoff aus der Affäre gezogen, die wir mit viel Spaß und bunten Acrylfarben beidseitig bemalten, sobald wir in Erfahrung bringen konnten, wie die Flagge des entsprechenden Gastlandes denn nun aussah: Auf manchen Flaggen drängten sich farbenfroh Kronen, Schiffe, Palmen und Papageien. Gelegentlich mußten wir schnell die Gastflaggen der anderen Yachten kopieren, neben denen wir schon auf Reede lagen. Entgegen unseren Befürchtungen kamen wir die beiden Male, da Einklarierungsbeamte von unserer Methode Notiz nahmen, sehr gut damit an.

Gelbe Flagge Q. Quarantäneflagge, die zeigt, daß das Fahrzeug noch auf Einklarierung und Hafenarzt wartet.

UKW-Funk mit Kanal 16 kann sehr hilfreich sein und sogar Ihr Leben retten, wenn Sie im Seenotfall vorbeifahrende Schiffe auf sich aufmerksam machen können. Deshalb sollte es tragbar und wasserdicht sein, um es mit in die Insel oder ins Dingi nehmen zu können. Wirklich unbedingt nötig ist es für eine Weltreise nicht. Wenn Sie auch einmal »gehobenen Yachtstil« pflegen möchten und beabsichtigen, luxuriöse Privatmarinas aufzusuchen, werden Sie feststellen, daß eine vorherige Kontaktaufnahme mit dem Hafenmeister über UKW das Anlaufen dieser Art von Häfen sehr erleichtert. Auch in sehr betriebsamen öffentlichen Häfen mit ein- und auslaufendem Fährverkehr ist vorherige Anmeldung per UKW entweder vorgeschrieben oder dringend zu empfehlen, zum Beispiel in Dover oder Ostende. Am meisten wird UKW aber unterwegs gebraucht, um auf den Ankerreeden von Bord zu Bord den Yachtklatsch durchzutratschen.

Weder der klassische Seefunk, das moderne Satellitentelefon, noch der weltweite Amateurfunk sind für die Durchführung einer Ozeanreise notwendig. Er ist etwas für Liebhaber der Technik, die weiterhin un-

unterbrochen mit den Menschen kommunizieren wollen, von denen sie sich gerade unter großen Anstrengungen entfernen. Siehe dazu auch Kapitel »Mentale Vorbereitung«. Der Aufwand, den man für diese Stufe der Kommunikation treiben muß, dürfte den gelegentlichen, wirklich praktischen Nutzen, den man davon haben kann, mehr als aufwiegen. Daß Funken vielen Spaß macht, steht auf einem anderen Blatt. **Elektronische nautische Hilfsmittel** wie GPS, das alte SatNav, Loran, Decca (AP), Wetterkartenschreiber, Radar und so weiter: Bei dem Kenntnisstand an Seemannschaft, Wetterkunde und Navigation, der für eine verantwortungsvolle Langfahrt einfach vorausgesetzt werden muß, können diese Geräte nur bequemes Beiwerk sein, niemals Notwendigkeit. Wohlgemerkt: Wir sprechen von Yachten, von »Lustkuttern«, die zum reinen Vergnügen auf See hinaus bewegt werden, und deren Skipper sich aussuchen können, in welchen Jahreszeiten, unter welchen Bedingungen und wohin sie auslaufen wollen.

Ausrüstung unter Deck

Bilgepumpe. Siehe auch Kapitel »Seetüchtigkeit«. Die Bilgepumpe muß so angebracht sein, daß man aufrecht und ohne sich zu verrenken pumpen kann.

Seeventile und passende Leckpfropfen für alle Bordwanddurchlässe unter der Wasserlinie.

Anstatt einer **Spültoilette** kann es auch ein Eimer tun. Gerade die technisch oft weniger versierten Bordkameradinnen wußten die Einfachheit jenes »Systems« zu schätzen.

Seegangssichere Beleuchtung unter Deck in allen voneinander getrennten Räumen und mindestens eine griffbereite Taschenlampe. Sie müssen auch nachts und bei Schlechtwetter gutes Licht am Kartentisch und in der Küche haben und auch sonst alles, was Sie brauchen, jederzeit finden können. Die für die Beleuchtung notwendigen Reserveteile und Zubehör wie Glühbirnen, Fassungen und Batterien, für Petroleumlampen Lampenzylinder, Dochte, Lampenputzer, zum Auffüllen der Lampen eine Petroleumkanne, zum Nachfüllen aus dem großen Petroleumkanister oder -tank einen Trichter.

Mehrere große **Wasserkanister**, auch wenn Sie feste Einbautanks haben. Sie müssen die Tanks auf Reede wieder füllen können, indem Sie Wasser mit dem Dingi von Land holen. Außerdem müssen Sie vielleicht eines schlimmen Tages Wasser mit ins Rettungsboot nehmen. Dann schütten Sie vorher etwas Wasser aus den Kanistern. Die Luftblase verhindert, daß die Kanister untergehen.

Ofen. Ich habe meinen kleinen Kanonenofen an Bord so geliebt, daß ich mir kein neues Boot ohne dergleichen vorstellen kann. Zweifellos ist ein Ofen für Reisen in warme Klimazonen kein Muß. Aber während man dorthin und wieder nach Hause zu segelt, kann es frisch werden. Also gut, kein Muß.

Kombüseneinrichtung

Kochherd, der auch bei Seegang einsatzfähig ist. Zubehör wie Ersatzbrenner, Düsen, Spezialwerkzeug, genügend Brennstoff für mehrere Monate, Spiritus zum Vorheizen, Spiri-

tuskanne zum Dosieren bei Seegang, Streichhölzer, Feuerzeug, falls die Streichölzer naß werden.

Bedenken Sie, daß eine normale Küchenroutine Voraussetzung für den Erhalt Ihrer Leistungsfähigkeit auf See ist. Dafür notwendige Gegenstände könnten sein: *Topf, Kochlöffel, Wasserkessel, Bratpfanne, Pfannenheber, Kochmesser, Schneidbrett, Teller, Schalen, Tassen, Wassergläser, Besteck, Dosenöffner, Flaschenöffner, Spülbürste, Spülmittel, ohne Einbauspüle: Abwaschschüssel, Kernseife, Schwammtuch, Feudel, Geschirrhandtücher.* Außerdem werden Sie wahrscheinlich eine *Kaffee- und eine Teekanne samt Zubehör* wie *Siebe und Filter* benötigen.

Thermosflasche und Thermosbehälter für heiße Suppen oder feste Speisen gehören an Bord. Heiße Getränke und heiße Speisen bauen eine nasse, frierende, müde Crew derartig eindrucksvoll wieder auf, daß mehrere ausreichend große Thermosbehälter auf einer Langfahrtyacht ein Muß sind.

Mit Fischereigerät – hier ist die Harpune nach dem Einsatz auf Goldmakrelen leicht verbogen – läßt sich der Küchenzettel angenehm erweitern. Geschmackssache, kein Muß.

Kajütenausrüstung

Behaglichkeit ist eine Sache der persönlichen Bedürfnisse und des ureigenen Geschmacks. Aber **Kojenpolster** sind sicherlich für das Wohlbefinden des normalen Mitteleuropäers notwendig. Ebenso warmes **Bettzeug** in doppelter Ausführung pro Koje – eine trockene, saubere Garnitur zum Wechseln. Außerdem noch einige warme **Wolldecken**, die heute sinnvoller aus Acrylfilz bestehen sollten, denn echte Wolldecken werden, auf dem Törn einmal mit Seewasser in Berührung gekommen, nie wieder trocken. Sie schimmeln und beginnen zu riechen. Acryl oder ähnliche Fasern sind problemlos zu waschen, trocknen sofort und wärmen auch noch, wenn sie feucht sind. Für die Kojen benötigen Sie **Kojenbretter**, Kojensegel oder Kojennetze, gegen die man sich legen kann, um bei Seegang oder Lage nicht aus der Koje herauszufallen.

Seegangsichere Kajütenbeleuchtung. Siehe Kapitel »Ausrüstung unter Deck«.

Werkzeug und Material

Das notwendige Werkzeug hängt ganz wesentlich vom Baumaterial der Yacht ab. Bei einem durchschnittlichen Boot, auf dem die verschiedensten Materialien verbaut sind, benötigt man mindestens:

Holzsäge, Metallsäge, verschiedene Schraubenzieher, manuelle Handbohrmaschine mit Bohrern verschiedener Größen, Hammer, Meißel für Holz und Stahl, Hobel, Schleifstein, Raspel, Feile, verschiedene Schraubzwingen, Zollstock, Schublehre, Schraubenschlüssel verschiedener Größen, die wichtigsten Größen doppelt zum Gegenhalten, Schleifpapier, Leim, Schrauben und Nägel verschiedener Arten und Größen, Schrauben und Muttern, Unterlegscheiben...

Zum Werkzeug rechne ich auch den **Bootsmannsstuhl**, den wir bereits erwähnten. Ein

Muß, um im Rigg arbeiten zu können. Von der Sitzschlaufe bis zum »Schaukelbrett« gibt es zahlreiche Varianten. Zum Werkzeug im gleichen Sinn zählen für jede Yacht, die in sommerlichen Gewässern unterwegs ist: **Taucherbrille**, möglichst auch Schnorchel und Flossen. Denn irgendwann müssen Sie »runter«, um Ihren Anker zu klarieren. Hoffentlich liegt er dann nicht zu tief. Einmal mußte ich meinen Anker aus der Luke eines Wracks klarieren, in die er gefallen war. Ein anderes Mal hatte er sich zwischen Korallen verklemmt. Aber auch sonst brauchten wir unsere einfache Tauchausrüstung häufig. Bei zweifelhaftem Grund – also fast überall – tauchte ich, um den Anker von Hand einzugraben. Manchmal trug ich ihn auf dem Grund ein paar Meter weiter bis zu einem geeigneten Sandflecken zwischen den Felsen oder Korallen. Einem Fischer schnitt ich mit Hilfe der Taucherbrille einmal ein Tau aus der Schraube. Er schenkte uns dafür einen Zehn-Liter-Eimer voller Shrimps. Es kann auch leicht die eigene Schraube sein. Die Weltmeere treiben voller abgerissener Netze und altem, schwimmfähigem Polypropylen-Tauwerk. Als unser (zu billiges) Antifouling in der Wirkung nachließ, tauchte ich jede Woche, um das Unterwasserschiff abzuschrubben. Die Algen und Seepocken wuchsen zusehends. Und wir tauchten zum Vergnügen. Wenn das kein Muß ist...

Dann brauchen Sie für Reparaturarbeiten **Reservematerial** wie Holz, Segeltuch, Blech, auch Glasmatten und Glasharze, je nach Art und Bauweise Ihres Bootes. Dazu Fette, Öle, Firniß und Farben, Lacke und Verdünnungen, um das Boot auch unterwegs »ship shape and Bristol fashion« zu erhalten.

Motorenausrüstung

Zu diesem Kapitel die grundsätzliche Frage: Brauchen Sie überhaupt einen Motor? Ich will Ihnen keineswegs das heutzutage schon vor der Besegelung wichtigste Teil der Ausrüstung ausreden. Aber wenn Sie über ein seetüchtiges, manövrierwilliges Fahrzeug verfügen, und nur die Frage des (noch) nicht vorhandenen Hilfsmotores Sie am Auslaufen hindert, so wage ich die Behauptung: Das einzige wirkliche nautische Pro-

blem, das ohne Hilfsmotor größer geworden ist als im vergangenen Jahrhundert, ist die Gefahr, inmitten eines vielbefahrenen Großschiffahrtsweges zu bekalmen. Um das zu vermeiden, ist allerdings sorgfältige Törnplanung und Wetterstrategie notwendig.

Die meisten anderen Probleme aber sind für Yachten heutzutage geringer geworden. Sicher sind die Yachthäfen heute enger als die Handelshäfen früher. Dafür gibt es sie aber in großer Zahl. Überall an den Küsten sind große, von Molen geschützte Sportboothäfen entstanden. Wenn man nicht gerade durch lange, sehr schmale Rinnen gegen den Wind einlaufen muß, kann man in die meisten dieser Marinas problemlos hineinsegeln und irgendwo an den Pfahlreihen entlang aufschießen oder auch mitten im Hafen ankern und sich dann mit Dingi, Warpanker und Leine in aller Ruhe verholen. Doch meistens wird man auf Langfahrt mit anderen Yachten auf Reede liegen, und dort benötigt man einen Motor am wenigsten.

Wir selbst segelten einen englischen Gaffelkutter mit langem Kiel, geradem Vorsteven und neun Tonnen Verdrängung, in den ich erst später ein zweitaktendes Benzinmotörchen von sieben PS mit 20 Litern Tankinhalt eingebaut hatte. Die meiste Motorlaufzeit auf unserer Weltreise kam dadurch zustande, daß ich den Motor irgendwo zwischendurch mal wieder eine halbe Stunde mitlaufen ließ, damit er sich nicht kaputtstand. Wir ankerten fast immer unter Segeln, allein schon, um zwischen den Korallenriffen und anderen Booten nicht plötzlich mit stehengebliebenem Motor zu hängen. Der Motor lief zwar immer zuverlässig, aber ich traute ihm nie. Aus demselben Grund gingen wir auch meistens unter Segeln ankerauf. Daher kann ich sagen: Es ging auch ohne, wenn auch manchmal etwas unbequemer, geduldheischender. Auch haben wir sicher statt des einen manchen anderen Hafen angelaufen, der unter Segeln besser zu erreichen war. Aber eine Langfahrt wäre dennoch möglich gewesen. Andere Segelkameraden haben es uns vorgemacht. Denn es gibt sie immer noch: die kleine unscheinbare Elite, die Fahrtenyachten ganz ohne Motor segelt. Die Bücher von Slocum, Voss, Gerbault ad infinitum beweisen, daß es geht, und die Spielregeln von See und Wetter haben sich nicht geändert.

Nach diesem Ausflug ins Prinzipielle wieder zur Ausrüstung im Einzelnen:

Die Zusatzausrüstung für den Motor hängt ganz von der Art und Größe Ihres Motores ab. **Vollständiges Metallwerkzeug** ist gefordert, also Schraubenschlüssel, Rohrzangen, Schraubenzieher, Hammer, Sägen, Feilen, Bohrer, Werkzeug, um abgebrochene Maschinenschrauben ausbohren zu können, und so weiter. Ein **Schraubstock** ist ein äußerst nützlicher Gegenstand, obwohl wir ohne ihn ausgekommen sind. Dazu **Ersatzteile** wie Filter, Schläuche, Schlauchklemmen, Dichtungen, Packungen, Verschraubungen, Impeller, Vergasermembrane oder -schwimmer, Zündkerzen, Glühkerzen, Einspritzdüsen, Kolbenringe, und so weiter. Studieren Sie das **Werkstatthandbuch** Ihres Motores, lassen Sie sich von Ihrem Motorenfachmann beraten, ob sie **Spezialwerkzeug** brauchen, beispielsweise Abzieher. Besorgen Sie sich Fachliteratur. *Wenn Sie mit einem Motor unterwegs sind, sollten Sie ihn zur Not auch selbst reparieren können.*

Ein robuster
Außenborder erweitert
den Aktionsradius
eines Dingis erheblich.
Ist aber kein Muß.

Medizinische Ausrüstung

In dieser Hinsicht sollten Sie vielleicht mit Ihrem Hausarzt zusammenarbeiten. Ergiebig dürfte auch eine Beratung des Hamburger Tropeninstituts sein. Siehe auch Kapitel »Medizinische Vorsorge«. Denn es könnte sein, daß Sie auf Langfahrt mehr und andere medizinische Ausrüstung benötigen, als in den genormten Erste-Hilfe-Paketen enthalten ist. Mitten auf dem Ozean oder in abgelegenen Inselgruppen haben Sie als verantwortlicher Schiffsführer die (glücklicherweise geringe) Chance, sich an größeren medizinischen Eingriffen versuchen zu müssen wie: *Brüche schienen, Blutungen verarzten, Penicillin- oder Morphiumspritzen setzen, Zähne bohren, füllen, ziehen, Kopfwunden nähen, Amputationen vornehmen.* Das ist kein Humbug, sondern Möglichkeit. Oder würden Sie im Zweifel lieber jemanden verbluten oder an Brand oder Blutvergiftung sterben lassen? Durch die Hilfe eines weltreiseerfahrenen Arztes hatten wir Morphium an Bord, Spritzen, Skalpelle, Nähausrüstung und Verschiedenes mehr. Wir brauchten es nicht, aber wir hatten uns theoretisch vorbereitet und innerlich darauf eingestellt, es vielleicht brauchen zu müssen. Reichlich **Schmerz-mittel** gehören in die Apotheke und reichlich **Penicillin** auch in hohen Dosierungen für die verschiensten Anwendungsgebiete, von Tripper über Blutvergiftung bis zur Amöbenruhr. Wenn man Aufenthalte in malariaverseuchten Ländern plant, sollte man das Medikament **Resochin**, oder welches sonst zur Vorbeugung empfohlen wird, erst in Spanien, Portugal oder auf den Kanarischen Inseln kaufen. Bisher kosten dort die gleichen Medikamente derselben Firma oft nur einen Bruchteil dessen, was man in deutschen Apotheken bezahlen muß. Wieweit sich EU-Abkommen in dieser Hinsicht auf die Preise auswirken, bleibt abzuwarten. Allerdings wird eine dortige Apotheke größere Menge Resochin erst bestellen müssen. Aber ein oder zwei Wochen Warten in jenen Gefilden ist ja keine Strafe. Versorgen Sie sich mit **Fachliteratur**, damit Sie im Zweifel die verschiedenen Tropenkrankheiten anhand der Syptome voneinander unterscheiden können. Trotzdem sollten Sie sich nicht bange machen lassen. Unheil kann Ihnen auch zu Hause zustoßen, und die Gefahr dort dürfte allein schon wegen des Straßenverkehrs höher sein, als auf den einsamsten Ozeanen.

Proviant und Wasser

Sie benötigen Proviant und Wasser für die doppelte Zeit, die Sie für die langsamste Überfahrt auf Ihrer längsten Ozeanstrecke rechnen. Mit anderen Worten: während der Woche, die Sie brauchen, um einen Notmast aufzutakeln, und den anschließenden Monaten, um zur nächsten bewohnten Küste zu treiben, müssen Sie essen und vor allem trinken. Zu essen brauchen Sie nicht viel, aber trinken müssen Sie **zwei Liter pro Tag und Person**. Rechnen Sie nicht damit, Regenwasser auffangen zu können. Uns ist es in anderthalb Jahren nur einmal gelungen, große Mengen reinen Regenwassers aufzufangen. Das war, als wir auf Reede lagen und sich das Dingi über Nacht halb mit Regenwasser füllte. Ihr Vorrat an **Dauerkonserven** sollte für diesen Notzeitraum reichen. Noch mehr Konserven zu horten, macht wenig Sinn. Immer wieder einmal werden Sie Häfen anlaufen, wo Konserven gut und preiswert zu haben sind. Und wenn Sie nicht schon Wochen auf See sind, werden Sie kaum aus Dosen leben müssen. Gute und schmackhafte Lebensmittel sind fast überall auf der Welt frisch erhältlich, wenn man dazu bereit ist, sich mehr oder weniger nach Landessitte zu ernähren.

Was bisher nicht erwähnt wurde

Es gibt zahlreiche Gegenstände, die sich wie selbstverständlich an Bord der meisten Yachten finden, die in den vorhergehenden Kapiteln aber nicht extra aufgeführt sind. Vielleicht sind Ihnen selbst einige Dinge eingefallen, die Ihrer

Vor einer längeren Ozeanpassage sollten Sie Bananen grasgrün einkaufen – keine ganze Staude, sondern in verschiedenen Reifestadien. Sonst wird die ganze Staude auf einmal reif. Dann heißt es: essen!

Meinung nach fehlen. Dazu mögen gehören: *Aschenbecher, Toilettenspiegel, Staubtücher, Handfeger und Schaufel, Kajütenuhr, Dampfdrucktopf, Kochbuch, Küchenreibe, Schneebesen, Lötlampe, Fußmatte, Kartenlupe, Windmesser und manches mehr.* All diese Dinge sind sicher sinnvoll, doch man kann nicht sagen, daß ihr Fehlen ein Grund wäre, das geplante Auslaufen zu verschieben. Oder etwa doch? Ach ja – und vergessen Sie nicht für alle mechanischen und elektrischen Geräte die passenden Ersatzteile. Aber übertreiben Sie nicht!

Persönliche Ausrüstung

Darunter fällt alles, was uns selbst dienen soll, und was sich in den vorhergehenden Kapiteln nicht einordnen ließ.

Kleidung. Da bleibt mir wenig zu sagen. So unterschiedlich, wie die Segler aller Herren Länder in den Häfen herumlaufen, so unterschiedlich sind ihre persönlichen Meinungen vom notwendigen Umfang und der Art ihrer Segelbekleidung.

An eines sollten Sie bei aller Zünftigkeit jedoch denken: Gerade in südlichen Ländern wird der ausländische Segler an seiner äußeren Erscheinung gemessen. Die Achtung, die man ihm auf den ersten Blick entgegenbringt, hängt unmittelbar mit der »unauffälligen Gepflegtheit« seines Äußeren – wie ich es hier einmal nennen will – und natürlich mit dem dazu passenden zurückhaltenden Auftreten zusammen. Das sollten Sie in Ländern, in denen Hafenbeamte über Segler eine beinahe vollkommene Machtfülle innehaben, nicht außer Acht lassen. Ungepflegt herumhängende Ausländer werden nicht selten – gerade von einfachen Leuten, die oft besonders auf sich halten – als Beleidigung des Gastlandes aufgefaßt. Verachtung ist die harmloseste Form der Reaktion, auf die man dann möglicherweise treffen wird. *Falls Sie immer noch unsicher sind, was Sie außer der Badehose einpacken sollen: eine saubere, ungeflickte Jeans, ein sauberes weißes Hemd und ordentliche Schuhe befriedigen auch den strengsten Einwanderungsbeamten.*

Necessaires für die Körperpflege. Vor allem: guter Vorrat an Zahnbürsten und Zahnpasta. Wer wie ich bereits unter den musealen Zahnbohrmaschinen verschiedener dunkler und weniger dunkler Erdteile gelegen hat, wird eine täglich mehrfache ausgiebige Zahnpflege während des ganzen Törns als freudige Alternative zu diesen Schicksalserlebnissen betrachten.

Seife und Rasierzeug – gewisse Leute sollten wenigstens bei der Einklarierung einen ordentlichen Eindruck machen. Wir hatten flüssige Seewasserseife an Bord, hatten aber nicht den Eindruck, daß sie beim Duschen und Haarewaschen mit Seewasser irgendeinem Shampoo überlegen war. Auch jahrelange Körperpflege mit Seewasser ist kein Problem, wenn man sich hinterher immer mit Frischwasser abspült. Mit etwas Übung braucht man weniger als zwei Liter Wasser, um den ganzen Körper von Salzwasser zu reinigen.

Ölzeug. Einfach selbstverständlich, zweifach wünschenswert, falls man sich Jakke oder Hose zerreißt und es trotzdem weiterregnet. **Flickzeug dafür.** Am besten und praktischsten für den langjährigen häufigen Gebrauch hat sich weitgeschnittenes, einfaches Ölzeug mit Jacke und Hose bewährt, das aus reißfestem Kunststoffgewebe besteht und innen, nicht außen, gummiert ist, also auch zwischendurch von innen einfach trockengewischt werden kann.

Bootsstiefel. Ebenfalls doppelt wünschenswert – schlecht, wenn man auf dem Klüverbaum sitzt und ein Stiefel vom Fuß rutscht. Dann sind um den anderen Socken gebundene Plastiktüten nur ein notdürftiger und sehr kurzlebiger Ersatz auf den 2000 Meilen, die noch vor einem liegen. Ich schwöre auf meine schwarzen Bauernstiefel für 30 Mark ohne Innenfutter. Nach 25.000 Seemeilen sind sie noch wie neu. Und das beste: wenn sie voll Wasser laufen, einmal mit dem Handtuch hinein und – trocken!

Eine robuste, wasserunempfindliche **Mappe**, in der Sie unterwegs alle wichtigen persönlichen und Schiffspapiere griffbereit haben.

Denken Sie an **Schreibzeug, Luftpostpapier** und besonders **Luftpostbriefumschläge**, bevor Sie den letzten zivilisierten Hafen hinter sich lassen. Ob diese Ausrüstung ein Muß ist, können nur Sie selbst entscheiden. Kommunikation kann gelegentlich entscheidend sein.

Waffen. Das ist ein Thema, das ich lieber anderen überlassen würde. Die Empfehlung in den Handbüchern bekannter Weltumsegler lautet meistens: Keine Waffen an Bord! Man wundert sich nur, wenn man den einen oder anderen kennenlernt und dann feststellt, daß er doch bewaffnet ist. Nur Altvater Eric Hiscock schrieb ehrlich, daß er und Susan immer eine Schrotflinte an Bord hatten.

Wie schon im Kapitel »Örtliche Besonderheiten« angeschnitten, gibt es malerische Weltgegenden rund um den Äquator, die aber für Seefahrer lebensgefährlich sind. Kolumbien, Equador, Westafrika, Malakkastraße, Sulu-See und so weiter. Nun gut, überall dort muß man nicht hin. Nur ein bißchen unsicher ist es aber auch in manchen Gebieten der Südsee, des Mittelmeeres und der Karibik – hier mehr, dort weniger. Oft wird argumentiert, daß man gegen professionelle Piraten sowieso keine Chance hat. Da bin ich nicht sicher. Einem geschäftsmäßigen Piraten geht

es um schnellen Profit ohne Risiko. Kein Berufsverbrecher wird selber gern verletzt oder gar getötet. Zu einer unbedeutenden Beute wie einer bescheidenen (?) Segelyacht, von der aus es unerwartet Blei hagelt, wird der Profi schnell Abstand gewinnen. Bei »eingeborenen« Gelegenheitspiraten, womöglich mit Kampfbegeisterung und überliefertem Tapferkeitskodex, ist das vielleicht anders. Doch diese sind oft auch schlechter bewaffnet. Unbedingt sollte man von der Illusion Abschied nehmen, unbewaffnete Segler würden eher geschont. Zeugen wären bei der rigorosen Polizei jener Ländern ein tödlicher Fehler. Man kann davon ausgehen, daß Menschen, die gewaltsam Boote entern, »ein klares Deck« am liebsten sein wird. Wir jedenfalls waren bewaffnet. Mit einer schönen Frau als Gefährtin hat man vielleicht auch mehr zu verteidigen. Mich jedenfalls beruhigte der Revolver unter dem Kopfkissen, wenn wir in einsamen Buchten ankerten, von denen wir wußten, daß sie bereits Schauplatz von Überfällen waren.

Tatsache ist aber, daß man durch Waffen an Bord regelmäßig Probleme mit Behörden be-

◀ **Ein guter Windsack-Ventilator sorgt nicht nur am Ankerplatz für Kühle und Trockenheit unter Deck.**

kommt. Deshalb sollte man sich vorher erkundigen, wie Waffen bei der Einklarierung behandelt werden. Manchmal muß man sie für die Dauer des (ungefährlichen?) Aufenthaltes abgeben. Tatsache ist auch, daß sich viele Menschen durch vorschnellen oder ungeübten Waffengebrauch unglücklich gemacht haben. Andererseits haben wir Segler getroffen, denen der Gebrauch einer Waffe Eigentum und Leben gerettet hat. Bei meiner nächsten Langfahrt möchte ich mich am liebsten nicht mehr mit Waffen an Bord beunruhigen. Letztlich hatte ich oft ein schlechtes Gewissen, und immer war die Unsicherheit vor dem Einklarieren: angeben oder nicht? Das eine konnte unangenehme Folgen

haben, das andere aber auch. Aber unbewaffnet möchte ich auch wieder nicht sein. Was tun? Vielleicht können Sie mir raten. Ein Muß sind Waffen zweifellos nicht.

Angelzeug. Ein Muß für den Seenotfall. Siehe auch Stichwort *Seenotfaß*. An Deck ist Angelzeug sicher kein Muß und überdies Geschmackssache, genauer: »Fischgeschmackssache«. Auf hoher See ist in bestimmten Ozeangebieten kaum Fisch anzutreffen, und in Korallengewässern zu angeln ist zweischneidig: Sie angeln das lebensgefährliche Fischgift *Ciguatera* manchmal gleich mit. Wir haben nur in den gemäßigten Breiten geangelt, dort aber mit Vergnügen und Erfolg.

Schlußbemerkung

Zuletzt möchte ich Ihnen sagen, wie es hinsichtlich der Ausrüstung auf unserer *Firecrest* war: Auf der Ausreise glich das Boot an und unter Deck dem schwimmenden Lager eines Bootsausrüsters, eines Second-Hand-Shops und Hobbybastelgeschäfts. Auf der Heimreise hatten wir ein aufgeräumtes, klares Deck und unter Deck viel leeren Stauraum, wie bei einem Wochenendtörn. Wir hatten uns bis dahin fast eines Drittels unserer beweglichen Ausrüstung als Ballast entledigt – verschenkt, verkauft, über Bord geworfen. Dafür hatten wir die Backskisten mit gesammelten und getauchten (schon abgestorbenen, aber immer noch sehr schönen) Muscheln und Korallen, Handwerkskunst von den tropischen Inseln und anderen Souveniers gefüllt. Trotzdem gab es auf der *Firecrest* mehr Stauraum bei der Heimkehr als beim Auslaufen. Wir hatten gelernt, weniger zum Segeln, aber auch weniger zum Leben zu brauchen, und das war etwas sehr Wertvolles.